Hans Scheibel

Bildhauer

Restaurator

Dozent

Dichter und Komponist

Gemeinde Hardheim (Hrsg.)

Hans Scheibel

Bildhauer – Restaurator – Dozent – Dichter und Komponist

1. Auflage 2020
© Copyright dieser Ausgabe by
Gerhard Hess Verlag, 88427 Bad Schussenried
www.gerhard-hess-verlag.de

Printed in Europe

ISBN 978-3-87336-653-4

Hans Scheibel

*B*ildhauer

*R*estaurator

*D*ozent

*D*ichter und *K*omponist

GHV

Inhalt

Grußwort Bürgermeister Volker Rohm 15
Vorwort von Hans Scheibel aus seinem dritten Gedichtsband 17
Bedeutungsvolle Wende 19
Wandlung? 21
Schöpferwille 22
Was wird aus uns? 24
Dem Lebensschüler 26
Auge und Ohr 27
Erziehung zur richtigen Weltvorstellung 28
Wechsel 30
Schöpfungswelt 31
Vom Baume der Erkenntnis 32
Bausteine 33
Gott und Teufel 34
Ein Gottesstreiter 36
Dem Lebensschüler 37
Nur der Glaube macht selig 38
Der Gärtner 39
Erhabene Gestalt 40
Strebsamkeit und Willenskraft 41
Solche und Solche 42
Der Spiegel 43
Menschliches Vermessen 44
Viel Geschrei und wenig Wolle 45
Der Heißsporn 46

Bahnbrecher	48
Ohne Existenzkampf: Degeneration!	49
Man muss nicht überall dabei sein	50
Gut gemeint	52
An die Astrologen	53
An die Gelehrten	54
Rechte und Pflichten	55
Worte, die man nicht spricht	56
Gedanken sind noch keine Tat	56
Langeweile	57
Scheinwelt	58
Ticktack – Ticktack	59
Der Undankbare	60
Das Karussell	61
Gemeinsames Ziel	62
Perspektiven	63
Ein hoher Giebel ziert das Haus	64
Kritik eines Pessimisten	66
Glossierte Betrachtung	67
Wellen	68
Parallelen	69
Gedanken zum Gebot unserer Zeit	70
Üble Begleiterscheinungen unserer Zeit	72
Zaungastperspektiven eines Utopisten	74
Ein Notschrei	75
Die Naturforscher	76
Um den Katheder	77
Drohnen	78
Anklage des Hausschweines	80

Der Pessimist	81
Einem Pessimisten ins Stammbuch	82
Guter Rat eines Menschenkenners	84
Edelstes Menschentum	86
Menschen untereinander	88
Gottgewollte Gegensätze	90
Menschen im Zeitenwandel	92
Wer kann sein Schicksal wenden	94
Der verlegene Amateur	96
Die Schöne	97
Vom Grüßen	98
Der Ungenügsame	99
Der Idiot	100
Ein Problem	101
Gefährlicher Diensteifer	102
Applaus	104
Ein Rezept berühmt zu werden	106
Bescheidenheit ist eine Zier	107
Die Macht der Sonne	108
Der wahren Freundschaft Segen	109
Was wir wissen	110
Leben braucht Freizeit	111
Fortschritt	112
Die Maschine	113
Gegensätze	114
Der verliebte Schneider	115
Der Uhrmacher und sein Lehrling	116
Strauchelnde Gerechtigkeit	118
An das Gros des Alltags	119

Menschliches Denkgehäuse	120
Die Sorge	121
Der Blinde	122
Unter Geistern	123
Geist von Bethlehem	124
Zeitgeist	125
Der Weltraumforscher	126
Zum Sonnenuntergang	128
Irdische Sterne	129
Das Begehrenswerteste	130
Mensch und Werk	130
Adelheids Pegasus	131
Natur und Malerei	132
In einer modernen Kunstausstellung	133
Entgleisung	134
Schicksal	135
Irdisches Schicksal	136
Das Schicksal liegt in Gottes Hand	137
Resignation	138
Des Gefangenen Sehnsucht	139
Heimatlos	140
Ein kindlich Herz fürs Kinderherz	141
Sein bester Freund	142
Die Rose	143
Gottesgeschenk	144
Des Jünglings Fernweh	145
Der göttliche Strahl	146
Mondzauber	147

Unsere Himmelslichter	148
Sternenpracht	149
In früher Abendstunde	150
Weltuntergangssorgen	151
Vor Gottes Angesicht	153
Macht des Glaubens	154
Hoffnung	155
Zuversicht	156
Trost im Glauben	157
An der Hand des Vaters	158
Kindlicher Nachruf	160
Einsicht	161
Wo ist deine Heimat	162
Vertraue auf des Himmels Güte	163
Der Glocken Feierabendsegen	164
Weihnachtswunsch	165
An das neue Jahr	166
Im Vorfrühling	167
Zum Frühlingsanfang	168
Des Lenzes früheste Boten	169
Geheimnisvolles Walten	170
Frühlingslüfte	171
Die unsterblichen Maikäfer	172
Zum Maifeiertag	173
Der Glocken Feierabendsegen	174
Ewiger Sehnsucht Leid	175
Göttliche Naturgewalten	176
Göttlicher-Segen	178

Hans Scheibel

Auch wir, die heut' sich hier vor dir verneigen, zum Gruß,
sind dir nicht fremd, wir sind, dein Eigen!
Wir lagen einst nach Gottes heiligem Willen
in deiner Brust und wirkten dort im Stillen.
Dann aber brachen wir des Herzens enge Schranken,
befreiten uns: und wurden zu Gedanken, die deine Seele,
deinen Geist bestürmten
und schier ins Unermessliche sich türmten.
Da musstest du dann zu der Feder greifen
und uns in Versen füglich niederschreiben.
So hast du sichtbar uns Gestalt gegeben,
wir sind seitdem ein Stück von deinem Leben!
Wir haben uns vereint hier eingefunden
zum Dank im dritten Bande schlicht gebunden.
In stillen Stunden mögest du dich erbauen an uns –
und deine eigne Seele schauen.

Grußwort von Hans Scheibel aus einem seiner Gedichtsbände

„Peter und Elisabeth Riedel", modelliert von Hans Scheibel

Vorwort

von Bürgermeister Volker Rohm

„O Hardheim, mein Hardheim, wie bist Du so schön ..."

Mit diesen Worten beginnt das Heimatlied der Gemeinde Hardheim, das Hans Scheibel anlässlich des Heimatfestes 1955 den Bürgern der Gemeinde gewidmet hat.

Nun sollte man meinen, eine Verbundenheit mit Land und Leuten, die sich in einem Lied ausdrückt, die Hardheim als Heimat bezeichnet, ist eine lebenslange.

Doch weit gefehlt, denn Hans Scheibel ist weder in Hardheim geboren noch gestorben.

Vielleicht ist das der Grund, warum es bis zur „Entdeckung" durch Helmut Berberich gedauert hat, ehe man auf diesen vielseitigen Künstler aufmerksam wurde.

Neben dem Heimatlied erinnert im Rathaus unserer Gemeinde die Skulptur „Heimkehr des verlorenen Sohnes" an den sprichwörtlich „verlorenen Sohn" unserer Gemeinde.

Denn trotz großem und vielfältigem künstlerischem Schaffen und Anerkennung seiner Qualifikation, unter anderem als Dozent an der Kunstschule in Darmstadt sowie ausgedrückt in der Ernennung zum Ehrenbürger dieser Stadt, ist Hans Scheibel auf einer bedeutenden Zwischenstation seines Lebens nahezu unbekannt geblieben.

Deshalb freue ich mich, dass mit der Herausgabe der Gedichtbände eine weitere Seite des Lebensbuches von Hans Scheibel aufgeschlagen wird, aufgeschlagen in Hardheim, wo er nach seiner Heirat mit seiner Familie entscheidende Jahre seines Lebens verbracht hat.

Ob der Name Hans Scheibel künftig mit anderen berühmten Söhnen unserer Gemeinde wie Walter Hohmann, Ignaz Schwinn oder Julius Heffner genannt wird, ist Prognose.

Jedenfalls wünsche ich dieser Ausgabe seiner Gedichte eine große Zahl an geneigten Lesern und danke vor allem Helmut Berberich und Horst Wörner für deren Engagement und Einsatz um diese Veröffentlichung.

Vorwort von Hans Scheibel

aus seinem dritten Gedichtsband

Nicht such' ich's diesem oder jenem recht zu machen: Man weiß nicht, mag er weinen oder lachen, wenn ihm der Spiegel rücksichtslos sein wahres Antlitz zeigt, ob er sich still und ehrfurchtsvoll der Wahrheit neigt. Den meisten, sicherlich, ist diese wohl ein lästig Ding als ob am Selbstbetrug der Reiz des Lebens hing! Sie wiegen sich in süßen Illusionen, ihr edles Ich vom Ernst des Lebens zu verschonen, im Drange stets sich gänzlich zu zerstreuen, statt sich zu sammeln, innerlich erneuern. Ich weiß: es ist ein müßig Tun, den andern zu belehren, denn keiner hält es wert, sich ernstlich zu bekehren, weil jeder glaubt, sein Tun sei gut, der andern schlecht, bei hundertfachem Gegensatz sich würdig fühlt im Recht.

Wie oft kann man in dieses Daseins Wirren im Schein der Relativität sich irren! Das geb' ich unumwunden und bescheiden zu, denn sterblich Schwache sind wir alle, fehlbar lind auch ich und du. Ob einer mag mit hohen Orden sich behangen, Apollo sich zu Füßen werfen stets mit weisen Lobgesängen, ob er am Amboss um sein Brot zum Leben wirbt, als Bettler elend gar am Straßenrand verdirbt, es bleibt sich alles doch im Grunde gleich: Er Vieles auch besitzt, ist dennoch selten reich!

Ob mir der eine stürmisch Ablaus zollt, der andre mir im Hasse flucht und grollt, es gibt mir keiner dienlichen Beweis, dass es sich lohne meiner Mühe und Fleiß. Drum schau ich weder rechts noch nach der Linken, ob Neider, Gönner mir vorüber hinken, und bin zufrieden, lässt man mich in Ruh'; ich sage Dank und Amen auch dazu.

Doch bitt' ich innig, gönnt mir nur das eine, dass Gottes lichter Strahl, der ewig reine, die Furt mir zeige durch des Alltags düstren Strom, nicht irreführt das trügerische Phantom des, das so gerne guten Ton man nennt, dass ich, zu lindern, was mich auf den Nägel brennt, zu gutem Balsam gute Kräuter finde.

Drum, mit Verlaub, ihr Herren und Gesinde: habt Mut und einiges Selbstvertrauen und lernt der Wahrheit in das Antlitz schauen!

Bedeutungsvolle Wende

Der Morgen umdämmert des Waldes Rand, es fliehen die schwarzen Schatten in des Urwalds tiefsten Grund; befreit von den Fesseln der grausigen Nacht atmet, wie erlöst, die Brust. Der blutdürstige Geselle scheut vor des Tages Helle, weicht endlich vom Ort, den er träuend belauerte, wo ich ängstlich kauerte in des Baumes Krone, die ich erreichte, noch in höchster Not, so entrann ich flink dem sichern Tod, des Bedrängers furchtbarem Zahn. Nun will erneut ich's wagen, hinüber zu den Bäumen in der Heide, ohne Säumen zu gelangen, die da tragen goldne Äpfel viele.

Wär ich schon am Ziele, denn der Hunger quält mich sehr! Da ziehen plötzlich schwere Wolken auf, verwandeln schnell den Tag zur Nacht; furchtbar durch des Sturmes Macht brechen krachend Baum und Ast, und es zucken feurige Blitze donnernd durch der Bäume Wipfel. Doch eilig flieht vorbei die Götterlaune, und nach kurzer Dämmerung steigt am fernen Himmel hoch, wie in gigantischem Fluge ein glühendes Morgenrot.

Da zuckt durch mein Gehirn ein lichter Strahl, ein Funke – ein Donnerwort schlägt dröhnend an mein Ohr; ein Erleuchten, ein Erkennen, als jäh ein starker Ast, der wohl durch meine Last, mit großer Wucht vom Baume bricht, mir auf den Nacken schlägt! Des hohen Werts sogleich erkennend und seine Tüchtigkeit zu prüfen, soll nun bestehen den Kampf er unter mächtigen Streichen, sodass ich nimmermehr dem grimmen Feind muss weichen. Nun scheint auf einmal offen mir dieses weite Land, das freudig lässt erhoffen an jenes Flusses Strand zur Nahrung mir manch' süße Frucht. Und dies Geschenk, bedeutungsvoll, das nun ein gütiges Geschick mir gab, soll mich begleiten stets auf manchem schlimmen Pfad.

Wohl werd' ich dennoch weichen müssen im Kampfe oft der Übermacht, denn viele Feinde lauern stets auf Beute, Verderben bringend Tag und Nacht. So winkt auf freiem Land mir zwar kein bessres Los; führ' auch die Waffe ich in seiner Hand, bleibt die Gefahr mir dennoch groß. Viel lieber wär' ich wieder in meinem schattigen Wald, wo vieler Vöglein Lieder, des Freundes Ruf erschallt. Hier in der Fremde winket gar wohl manch guter Schmaus, doch wenn die Sonne sinkt, fehlt mir ein schützendes Haus. Fände ich nur eine Höhle, da hätt' es keine Not, die ich verschließen möchte mit einem Felsenblock. Auch ist es sehr beschwerlich stets auf dem Fuß zu gehn auf diesem heißen Sand, und statt in fremdem Land in Tälern und auf Höh'n.

Und endlich auf der Suche führt mich der rechte Weg auf schmalem Felsensteg an steiler Felsenwand: da gähnt ein enger Spalt, durch den ich mühevoll zwänge, den Leib nach seiner Länge, mit steigender Gewalt. Hier, öffnet sich ein kleiner Raum, der sich zur Wohnung reichlich weitet, des Himmels Bläue und heitr'es Sonnenlicht, sie lachen freundlich in die heimliche Grotte. So will ich bleiben nun an diesem Orte; nicht weit von hier sind muntere Bächlein, hier gibt es Äpfel, Kirschen, Knollen, da reifen Beeren und auch Nüsse.

Nun fühle ich erneut den Mut, mit meinem treuen Begleiter, in meines Schöpfers Hut zu gehen weit und weiter, bis dass ich finden werde, was immer ich begehrte ein Weibchen aus dem Heimatwalde, das treulich fortan zu mir halte, das mich zurückbegleite und gern mir steht zur Seite in Freuden und im Leide.

Wandlung

Die Menschheit zu erkennen strebt, welch' Kraft sie aus dem Staube hebt, wenn einst der Zeiger seine Runde vollendet nach der letzten Stunde; gekommen ist der jüngste Tag, wo jedes Grab sich öffnen mag, und jeder mit den lieben Seinen sich dann auf ewig zu vereinen.

Es ist gewiss: was einstens war, wird morgen sein und immerdar;

Was stofflich ist gemacht zu leben, ist ein für allemal gegeben. Jedoch die Mischung ist nicht gleich, was heute glüht, ist morgen bleich, was noch nicht ist, wird noch geboren – es geht doch wirklich nichts verloren.

Wenn dann soll die Wandlung ewig sein, schließt immer eins das andere ein – da Erden gleichen Elektronen und zahllos reihen sich Äonen. Was ewig ist, ist keine Zeit und Zeit ist keine Ewigkeit, in der wir wollen einst bestehen, wie wir es töricht auch erflehen.

Was dort der Mensch als Heil ersehnt, gar menschlich dort das Gute wähnt, wird er in Wahrheit nie erfassen, wie alles, was nicht menschlich, hassen, er denkt vollkommener sich als hier, düngt ähnlich sich der Gottheit schier, als Geist, als unsichtbares Wesen? – Daran wird nie ein Mensch genesen!

Uns überstrahlt zwar göttlich Ding – doch sind wir Menschen zu gering, dass mag ein Gott die Kraft uns leihen, um würdig uns an ihn zu reihen; wir sind doch einmal Menschen nur, gleich allem Leben der Natur!

Wenn wir unsterblich sollten werden, warum verschmachten wir auf Erden?

Schöpferwille

Ist es ein Zufall nur, dass Homo Mensch geworden?
Auf unbewusster Spur zog er von da nach dort,
treu dem Erhaltungstrieb, der ihm bis heut' verblieb.

Es wurde ihm nicht leicht sich fürder zu behaupten
von Feinden oft zerfleischt, die ihm die Freiheit raubten.

Der Schöpfer hat nicht über Nacht
die Weltherrschaft ihm zugedacht.

Millionen langer Jahr' bedrohten so sein Leben,
das fortan von Gefahr und größter Not umgeben,
bis endlich wie im Schlaf ein lichter Strahl ihn traf.

Ein kleines Fünkchen zwar als große Götterspende
in ihm der Geist gebar:
er schuf die große Wende des Erdendaseins Höchstgewinn,
nach Gottes weisem Schöpfersinn.

Was mag nun jener Geist –
so frag' ich gar bescheiden –
der Götterhuld verheißt, dem Erdensohn bereiten?
War' nicht ohne' ihn die Welt
um Besseres noch bestellt?

Wär' auf dem Erdenrund
dem Leben Glück und Frieden –
die elend, siech und wund –
der Schöpfung Heil beschieden,
wie es die Gottheit einst gedacht
und friedlich ihre Welt beacht?

Bracht Homo sapiens
der Welt gar Glück und Segen?
Der Herrgott gab den Lenz,
dem Leben Sonne und Regen!
Nun ist voll Hass und Mord
die Erde hier und dort!

Was wird aus uns?

Wenn heute einer ahnen sollt',
wohin die schöne Erde rollt mit allen ihren Freuden,
er gäb' gewiss sein ganzes Gold, gäb' Dinge,
denen er gar hold, die nimmer ihn gereuten.

Gab' Adelsbrief und Edelstein samt Ruhm
und schönstem Titel drein, die Macht zu unterbinden,
die uns in blindem Wahn
allein treibt in ein Chaos tief hinein,
wo wir uns nie mehr finden.

Das eine ist wohl allen klar: es bleibt nichts,
wie es ist und war, im Wandel hier auf Erden.

Des Wissens aber sind wir bar,
ob nicht vielleicht in hundert Jahr'
die Flöten schweigen werden.
Was heut' „Errungenschaften" heißt –
ob sie nicht selbst der böse Geist,
der uns entzieht den Segen,
wo uns, die Menschen, wohl zumeist,
Natur in ihre Schranken weist von falschen Lebenswegen?

Ich selber möcht, wenn's irgend ging,
befreien mich gern von manchem Ding,
von dem sie stolz berichten!
Es scheint mir dennoch zu gering,
dass lieber ich von „Sang und Sing"
möcht in die Stille flüchten.

An Feld und Wiesen, Strauch und Baum,
an Blümlein zart am Waldessaum
stets Herz und Sinn erneuern.
Die Pracht ist zu ermessen kaum!
Indes man heut' im kleinsten Raum erstrebt,
sich zu zerstreuen! –

Dem Lebensschüler

Willst du zum Kampf des Lebens, Freund, ein gutes Schwert dir schmieden, so acht' darauf, dass erstens rein der Stahl; dann sei bedacht, so diesen du im Feuer, dass du im Eifer ihn nicht überhitzest, da sonst er nimmer tauge zum Beruf. Nur allmählich strecken nicht mit wilden Schlägen, solang ihm innewohnt bestimmte Wärme.

Wenn schließlich ward dem Schwerte gute Form, ist wesentlich allein für seine Tüchtigkeit, dass ihm gegeben auch die rechte Härte; sonst wird die Klinge stumpf und krumm, versagt, wenn ihr begegnet ernstem Widerstand. Sei achtsam also bei der Wahl des Härtestoffes, dass dieser rein und frei von schädlichem Gemisch; alsdann sei auf der Hut, den rechten Augenblick zu nützen, dass du nicht zu früh, zu spät beschließest, abgelenkt, den härtesten Prozess!

Es tut nicht Not, den Meister zu beraten; doch du, dem nun obliegt die Prüfung zu bestehen, bist füglich noch gehalten, erst zu schmieden die Waffe, um sodann sie richtig auch zu führen. Denn so Vertrauen du zu ihr, als Eigenwerk, und zu dir selbst, wirst du auch Sieger sein!

Es spiegelt sich der Mensch in Generationen. Zwar ist ihr Element die Kreatur; doch da im Ganzen alle Kräfte wohnen, ist jeder nur ein Teilchen der Struktur.

So zeigt sich auch im Wertmaß aller Welten des Kosmos' Einheit unvergänglich Bild, obwohl in tausend fernen Himmelszelten stets neues Werden auch Vergangenem quillt.

Sich zu erhalten im Vergehen und Werden ist alles Lebens äußerste Potenz.

Im ew'gen Raume kreisen Sonne und Erden, sind wie ein Blümlein nur, das blüht im Lenz.

Auge und Ohr

Wenn wir dem Auge diese Welt verhüllen, die von der Allmacht einer Gottheit kündet, vermag das Ohr doch niemals zu erkennen, den ew'gen Reiz der majestätischen Pracht. So auch der Töne schönste Harmonien – berückend dringen in die Menschenherzen des Himmels Nacht, der Erde Finsternis, sie lassen schönsten Wohllaut nimmermehr gelangen zu wahrer, ungetrübter Freude und Erbauung. Hingegen glaub ich wohl, dass die uns blühende Welt in ihrer Farbenpracht gestirntem Firmament, bei taubem Ohr die Herzenssaiten schwingt, die Seele hebt, des Menschen, aus dem Staube. Obwohl es Farben gibt, die wir nicht sehen, und Töne hoch und tief, die wir nicht hören, ist doch kein Mensch, wenngleich Musik er höher wertet, als jeden Former, Farbenreiz in der Natur, der Auge lieber möcht' entbehren, als das Ohr! Wir wollen doch im Leben nicht vergessen, dass Licht Voraussetzung und Keimkraft alles Lebens, die Wahrnehmung des Lautes nur der Erhaltung diente.

Erziehung zur richtigen Weltvorstellung

Man spricht gar viel vom Lesenlernen, warum nicht auch vom Schauen lernen, warum wird weiter nichts dafür getan? Blickt man nicht oft auf zu den Sternen? – Man liebt sie doch auch! – nun wohl an!

Gar wichtig sind auch Rechnen, Schreiben; doch dürft' man hier nicht stehenbleiben: nicht fehlt's an Wissensdrang und Lust und auch Verlangen, Kunst zu treiben, wird frühe schon dem Kind bewusst!

Ein fühlendes Herz schlägt dem entgegen, was die Natur ihm aller wegen zur Schau mit tausend Reizen stellt. Sie offenbart, ihm stets zum Segen, die wahre, ewig schöne Welt.

Es liegt an euch, ihr Pädagogen, die Jugend auf des Lebens Wogen da hinzusteuern, auf zum Licht. Denn was dem Menschen anerzogen, erlischt in ihm zeitlebens nicht.

Erweitert ihm den Blick, zu schauen mit offenen Augen Wies' und Auen, ins weite All, zum Firmament, was Herz und Seele mag erbauen, da heiß des Lebens Flamme brennt.

So wirken die Gedankenkreise des Kindes, dessen Ahnung leise, erfüllt das kindliche Gemüt, des inneren Erwachens fromme Weise noch rein durch seine Seele zieht:

„Wo bin ich?", drängt es ernst zu fragen, bewusst in frühen Jugendtagen – „was tut sich in der Welt ringsum und über mir? Ich will es wagen, zu schauen in Gottes Heiligtum!

Steh' ich nicht selbst schon mitten drinnen – was soll ich hier, was mein Beginnen, was ist des Ganzen Zweck und Sinn? Ich lebe, will den Schatz gewinnen, weiß, dass ich dessen würdig bin!

Es scheint mir würdig nicht das Beten; will selbst vor meinen Schöpfer treten, der meinen Lebensweg bestimmt, der von den Händen mir die Ketten, den Schleier von den Augen nimmt!" – Ein jeder soll in seinem Leben, stets willig nach Erkenntnis streben, sich umseh'n mit Bedacht und Fleiß, wo der geheimen Kräfte Weben, gestaltend wirkt im Schöpfungskreis.

Dass ist die Richtschnur eurer Lehre. Verschließt ihm nicht das göttlich Hehre, zeigt ihm den Weg und tut's mit Lust; die Sonne, Mond und Sternenheere, erwecken Ehrfurcht in der Brust.

Es wirkt durch euch des Himmels Segen, Erbauung auf den Lebenswegen des Kindes, Ihm zu Freud' und Glück, sei es am Herzen euch gelegen: verdoppelt kehrt's dahin zurück!

Wechsel

Es gibt nichts Bleibendes im Raum: im Wechsel,'wie das Laub am Baum, stehn ewig Werden und Vergehen; und aller Menschen Freud' und Wehen, schließt sanft in ihren Schoß die Zeit, im grauen Meer der Ewigkeit.

Es zeigt sich stets im falschen Licht, die wahre Welt und gibt sich nicht, der Erdenmenschheit zu erkennen; sie sucht vergebens anzurennen, wo Felsen ihr den Blick verschließen nach drüben, wo die Himmel grüßen.

Für uns scheint ewig gleich die Welt, die Sonnen an dem Himmelszelt, sie leuchten wie vor tausend Jahren, der Eichbaum steht mit grauen Haaren fast unverändert, stolz an seinem Ort, die Quelle rieselt immerfort. Und ständig rollt das Rad der Zeit; es wechselt ungeahnt ihr Kleid die Welt zu ewig neuem Tun: nie sollen Himmelsmächte ruhen!

Die spätesten Geschlechter schauen nur jenes Land, das sie bebauen. – Die Menschheit mag nach Jahrmillionen, die Wendekreise nur bewohnen, von hoher Meeresflut bedroht in Daseinskampf und Lebensnot; von Eis und Kälte jäh verdrängt, auf schmalem Lande eingeengt, wenn einst der Mond in raschem Fluge und über mächt'gem Wellenzuge, umkreiset diesen Erdenball; ein Schreckgespenst im Weltenall, fast einem Totenschädel gleich, zeigt er sein Antlitz hohl und bleich.

Der Erdenmensch zu dieser Zeit, der gleich dem Untergang geweiht, wird kaum in diesen Zeichen lesen, dass anders je die Welt gewesen; vermag nur dieses Bild zu fassen, wie der Natur sich anzupassen. Denn ach, in seinem kurzen Leben, hat sich für ihn fast nichts begeben – es hält Natur stets gleichen Tritt und lenkt des Lebens flücht'gen Schritt, zu stetem Wechsel ab und auf, in diesem ewigen Weltenlauf.

Schöpfungswelt

Es schwingt sich trotzig durchs Weltenall, der chaotisch zerklüftete Erdenball – von Pluto verwaltet bis ins innere Mark, der – gegen des großen Schöpfers Wille – sein Werk vernichtet allmächtig und stark, unausgesetzt in trügerischer Stille.

Der Geist der Verneinung wirkt und schafft – mit zweckbedingter ureigener Kraft – bis er erreicht sein grausames Ziel und schließlich sein Teufelswerk vollendet. Es ist und bleibt ein trauriges Spiel, das nimmermehr zum Guten sich wendet.

Was wird aus dem irdischen Paradies, das der liebe Herrgott uns Menschen verhieß? Der Teufel zernagt und verwüstet die Flur, mit Feuer, Wasser und Eruptionen.

Man sagt dann am Ende" so will's die Natur" – indessen die Sterne ewig thronen!

Vom Baume der Erkenntnis

Vom Baume der Erkenntnis sollten sie nicht essen. Weil sie es aber dennoch taten, ließ der Liebe Gott die ersten Menschen vertreiben aus dem Paradiese.

Nicht im entferntesten entsprach der köstlichste, doch fragliche Genuss der süßen Früchte dieses Baumes, ihrem großen Verlust und dem ihrer Nachkommen.

So ward der Baum, der schönste einst im Garten Eden, und seine Früchte, die so verlockend und schön, zum Verhängnis und verderblichen Gift für uns alle, die wir nun unstet fluchten über diese arge Welt, wo über uns noch fürder droht das Flammenschwert!

Bescheiden erst ragte der Baum der Erkenntnis in das Bewusstseinsdämmern Adams und Evas hinein, als sie genossen die so wunderliche Frucht.

Gott hatte sie verboten, und so büßen wir die Sünde, so es den Menschen nicht geziemt, eignen Willens den Schleier von den Geheimnissen der Welt zu ziehen, sie bewusst zu schauen, zu erkennen, zu erfassen, bewusst uns selbst Genüsse zu bereiten, deren Wohlgefallen uns verleitet mehr und mehr, im Widerspruch zu den Geboten des Schöpfers der Natur. Die Frucht des Baumes der Erkenntnis rächt sich an uns, da tausendfältig sie nun weiter- grünt und reift, aus welcher strömt der Menschen Sorg' und Not und Tod, entsetzliches Erkennen aller Laster dieser Welt, wo Neid, Hader, Hass und alle ihre Tücken verderblich entsprüh'n allein der verbotenen Frucht.

Doch einstens wird der Engel der Liebe die Menschen versammeln und wieder zurückführen, wie den verlorenen Sohn ins Vaterhaus. Gott wird ihnen wieder den Weg zeigen zurück ins Paradies. Und sie werden finden den Baum der Erkenntnis, kahl und verdorrt, auf unfruchtbarem Boden im matten Schein einer tiefrot leuchtenden Sonne.

Bausteine

Es spiegelt sich der Mensch in Generationen. Zwar ist ihr Element die Kreatur; doch, da im Ganzen alle Kräfte wohnen, ist jeder nur ein Teilchen der Struktur.

So zeigt sich auch im Wertmaß aller Welten des Kosmos' Einheit unvergänglich Bild, obwohl in tausend fernen Himmelszelten, stets neues Werden aus Vergangenem quillt.

Sich zu erhalten im Vergeh'n und Werden, ist alles Lebens äußerste Potenz.

Im ew'gen Raume kreisen Sonne und Erden, sind wie ein Blümlein nur, das blüht im Lenz.

Gott und Teufel

Gott: Ich rief dich ins Leben, verneinender Geist,
dass streng du deines Amtes waltest,
dein finsteres Weben, das um den Erdball kreist,
getreu meiner Weisung entfaltest!
Drum sei du auf dich selbst gestellt,
das Gute zu prüfen am Bösen der Welt.

Teufel: Wie soll ich dir dienen,
bin ich doch selber ein Herr,
der Teufel, der vor dir geboren!
Ich bin nicht da, um zu versöhnen.
Was schert es einen Luzifer?
Die Welt ist sowieso verloren;
doch will um kurz es auszusprechen,
ich mich erst an der Menschheit rächen!

Gott: Verhalte dich gelassen, ich sehe hier: du irrst!
Denn ich, der Herr, ich sprach das Werde!
Allein ich kann die Welt umfassen
mit Liebe! Du verwirrst sie nur,
indes ich dich begehrte als Inbegriff des Bösen nur und
Mahngestalt der üblen Kreatur!

Teufel: Was du hier möchtest scheinen, ist Überheblichkeit.
Haha, das wird dir wenig frommen!
Es gibt auf Erden keinen in alle Ewigkeit, der mächtiger,
es mit mir aufgenommen!
Bist du es, der mich einstens schuf,
so ruf mich ab mit deinem Ruf!

Gott: Schon gut. Damit lass' es bewenden:
Dir sei des Teufels Amt.
Ich wollte zum Exempel dich erproben,
der Zweizack in bekrallten Händen
erreiche ich alle, die verdammt.
Dann will ich auch dein Wirken loben.
Es geb' dies Zepter dir ein heilig Recht
in deinem Amt, so bist du Gottes Knecht!

Teufel: Nun denn, so lass' dich preisen,
sei mein, des Teufels, Herr.
Ich selber bin von Ehrgeiz nicht durchdrungen;
doch will ich mächtig mich erweisen,
als ob ich selbst der Herrgott wär'.
Das gelte dir allzeit für ausbedungen!
Und nimmer soll es fehlen mir an Kraft:
im Erdenkampf der Teufel nie erschlafft!

Ein Gottesstreiter

„Gott, gib mir Riesenschwingen – raumtüchtig wohlgestaltet –, ein Schwert mit tausend Klingen, den Teufel zu bezwingen, der roh sein Reich verwaltet.

Auch sag' mir, wo zu finden der rauhe Fürst der Hölle, sein Amt ihm zu entwinden, die Welt von ihren Sünden zu rein'gen auf der Stelle."

„Du bist ein tapferer Streiter doch habe ich Bedenken: Ich müsst als Wegbereiter dir meine Himmelsleiter und meine Allmacht schenken!

Ich schätze deinen Willen zu göttlich frommen Taten; doch deinen Drang, zu stillen – die Wünsche dir zu erfüllen – lass' dich, mein Freund, beraten:

Der Satan ist auf Erden nicht völlig wegzudenken. Denn beim Vergehen und Werden versteht er seine Herden respektvoll einzulenken.

Mein Diener aller Zeiten mag Vieles wohl verneinen. Er wird auch Furcht verbreiten, die Guten abzuleiten, mit Bösem zu vereinen! – Ich walte nur zum Segen der Menschen, die da irrten auf dunklen Erdenwegen, heran ist viel gelegen mir, ihrem Gott und Hirten!

Dem Lebensschüler

Willst du zum Kampf des Lebens, Freund, ein gutes Schwert dir schmieden, so acht' darauf, dass erstens rein der Stahl; dann sei bedacht, so diesen du im Feuer, dass du im Eifer ihn nicht überhitzest, da sonst er nimmer tauge zum Beruf. Nur mählich strecken nicht mit wilden Schlägen – solang ihm innewohnt bestimmte Wärme.

Wenn schließlich ward dem Schwerte gute Form, ist wesentlich allein für seine Tüchtigkeit, dass ihm gegeben auch die rechte Härte; sonst wird die Klinge stumpf und krumm, versagt, wenn ihr begegnet ernster Widerstand. Sei achtsam also bei der Wahl des Härtestoffes, dass dieser rein und frei von schädlichem Gemisch; alsdann sei auf der Hut, den rechten Augenblick zu nützen, dass du nicht zu früh, zu spät beschließest, abgelenkt, den härtesten Prozess!

Es tut nicht Not, den Meister zu beraten; doch du, dem nun obliegt die ‚Prüfung zu bestehen, bist füglich noch gehalten, erst zu schmieden die Waffe, um sodann sie richtig auch zu führen. Denn so Vertrauen du zu ihr, als Eigenwerk, und zu dir selbst, wirst du auch Sieger sein!

Nur der Glaube macht selig

Mag die Erdenmenschheit jammern
noch so sehr in diesem Leben,
sich an dieses, jenes klammern,
fromm ihr ew'ges Heil erstreben:
sie erfährt auf Erden schon;
ihren Tod als bitt'ren. Lohn!

Dieser wird ihr sicher werden
nach den ewigen Gesetzen,
fraglich nur, ob schon auf Erden
mag den Gläubigen, ergötzen,
den Gelehrten, der da glaubt,
dem die Hoffnung nicht geraubt.

Möge diese kühnlich ranken
fort bis an sein Lebensende;
der im Glauben nie mag wanken,
Herz und Seel zum Himmel wenden,
die ersehnen in der Not
alles Heil vom Lieben Gott.

Kommt der Mensch in Not und Zweifel,
gibt er halb sich schon verloren,
rückt er näher bald dem Teufel,
der der Hölle Treu' geschworen.
Doch der Gottesglaube nur
lenkt auf ew'gen Lebens Spur!

Der Gärtner

Mit Sorgen dacht' ich einst im Stillen: ob nicht an einem schönen Tag, das Pflänzchen sich mit einigem Willen, zu edlem Baum entwickeln mag.

Bald trieben auch die jungen Sprossen, an manchem Zweiglein Knospen auch; nun ist es wild ins Kraut geschossen, da – statt zum Baume, ward's zum Strauch.

Nicht säumend greife ich zur Schere, da fliegen Misteln, Schoss und Dorn – und so bekämpf' ich die Misere; hilft's nicht, geht's abermals von vorn!

Ich tu's nicht gern, doch muss ich leider, sonst nimmt sein Treiben überhand: es wuchert schließlich immer weiter, verunziert mir das ganze Land!

Erhabene Gestalt

Doch wie dem Kind der Erde greift an die Stirne
dir kalt, irdischen Todes grimme Gewalt,
fühlst du des Daseins Beschwerde.
Die Seele, dein Geist!
Stiegen sie auf zu den Sternen?
Ob uns dein Genius umkreist,
uns geistig Hungrige speist,
überbrückend alle Fernen?

Ein Mensch, nur auch du,
Träger verliehener Gabe!
Sie zu nützen griffest du zu,
Sterblicher, und gingst dann zur Ruh;
doch blieb dein Werk uns zur Labe.

Ist wohl ein Ding noch so gering;
es lohnt sich ernstes Walten,
damit bedacht es aufgemacht
wir praktisch nur gestalten.

Es gälte heut' für alle Zeit,
für unser ganzes Leben,
dass früh und spät wir in der Tat,
des Vorteils Gunst erstreben.

Was so wir jung mit kühnem Schwung
als Bestes bald errungen:
es liegt darin der Höchstgewinn,
das Meisterwerk bedungen.

Strebsamkeit und Willenskraft

Tasten, suchen, wähnen, sinnen, führen selten dich zum Ziele: Frischen Mutes froh beginnen sind oft Wasser auf die Mühle! Es gelingt bei gutem Willen, leichter was du willst erstreben, wirke froh und gern im Stillen: Tatkraft nur verschönt dein Leben.

Bist du erst einmal Geselle, stehst du hoch schon auf der Leiter, überschreitest bald die Schwelle, die zum Meister führt und weiter. Baldigst bist du dann am Ziele, das dir einst vor Augen schwebte, als du träumtest noch vom Spiele und dein Herz noch kindlich bebte.

Wo da Wille, sind auch Wege, die da tapfer muss beschreiten, wer nicht scheut die schwanken Stege und nicht fürchtet abzugleiten! Ja, vor allem ist's der Wille, etwas tüchtiges zu werden; das gedeiht nur in der Stille als des Lebens Zweck auf Erden.

Ist's ein blindes Kräftespiel, was Geschaffenes zerstückelt? Sind, es edle Geister viel, die den Erdenkreis geschmückt! Was mein menschlich Auge schaut: Erdenpracht und Himmelszeit, was den Sinnen mir vertraut, ist mir lieb, ist meine Welt! So, wie sie der Herrgott schuf, ist sie heilig mir und recht. Alles folgt doch seinem Ruf! Nur dem Meister, nicht dem Knecht!

Wer keinen Grund zu klagen hat, der sucht sich eben einen: Er möchte doch, des Alten satt, in Modeform erscheinen. Er weiß wohl, was der Andre dächte', sollt's besser ihm ergehen, drum nimmt er Anteil recht und schlecht am Allgemeingeschehen. So mancher hat gar fein heraus das heuchlerische Klagen; jedoch das Steueramt, o Graus, das schaut ihm in den Magen.

Und gibt es Gründe noch so viel vor ihm ins Feld zu führen: Das Steueramt erreicht sein Ziel, trotz trefflicher Allüren. Was liegt denn sonst noch viel daran, die Wahrheit zu entstellen? Erst recht freut sich dann jedermann, wenn sie ihn tüchtig prellen.

Solche und Solche

„Bescheidenheit" – ein schönes Wort! Man spürt sie manchmal hier und dort, doch finden wir sie gar zu selten – die Menschen wollen meist was gelten!
Es wird sich niemand daran stoßen, gehört nun einer zu den Großen. Hier aber liegt der „Has' im Pfeffer" – ist's eine Niete, ist's ein Treffer?

Es wirkt die beste Rezension auf Kenner wie ein schlechter Lohn, den man dem armen Teufel zollt, wenn ihm das Schicksal wenig hold.

Die größte Tragik ist es leider für jene, die da froh und heiter und willensstark ihr Ziel erstreben, das sie erreichen nie im Leben.

Ganz sicher auch bewundernswert sind Menschen, die ihr Steckenpferd ganz unbedenklich weiter reiten, stets anspruchslos und sehr bescheiden.

Im Gegensatz zu vielen andern, die durch die Welt geräuschvoll wandern und glauben gehst in Näh' und Ferne, zu leuchten wie die hellsten Sterne!

Der Spiegel

Ein klarer Blick in blanken Spiegel – eröffnet dir wohl Brief und Siegel. Schau' nicht voreingenommen hin, es steht die Wahrheit nur darin.

Dies tat schon jeder mit Bedenken, und mancher mocht' die Wimper senken; doch sich bewusst, dass er allein, sieht er wie prüfend ernst hinein.

Gar viel wird drin geschrieben stehen, was keiner kann von außen sehen! Indessen dieser drum erbost, gib es dem andern Freud' und Trost.

Den Spiegel jener mag bisweilen zertrümmern, um davonzueilen, weil er mit Treue und Geduld ihn zeigt der bösen Tat und Schuld. Auch hat ihn mancher liebgewonnen, der sich darinnen gern mag sonnen; zu spiegeln sich, ist ihm Genuss – tauscht mit sich selber einen Kuss. Man muss des Spiegels Einfalt loben, er zeuget wahr und unumwoben, dem Tugendbold, dem Bösewicht, zeigt er sein wahres Angesicht.

Was sonst drüber wär' zu sagen, das will ich lieber doch nicht wagen; man kennt ihn ja in jedem Haus, denn wer käm' ohne Spiegel aus?

Menschliches Vermessen

Lautlos kreisen die Planeten
unseres Himmels Majestäten,
um den geliebten Sonnenball
durch das ew'ge Weltenall.

Wer könnt ihren Zweck erahnen,
der auf gottgewollten Bahnen
sich dereinst erfüllen mag
an der Schöpfung Jüngstem Tag?

Bleibt es bei dem ew'gen Werden,
wie im Himmel, so auf Erden, oder,
wenn das Werk getan:
fängt dann Gott ein neues an?

Hier beginnt des Menschen Zweifel,
hinter dem vielleicht der Teufel
schadenfroh und kichernd steht
wenn die alte Welt vergeht?

Da versagt der Rechenmeister
und mit ihm die Erdengeister.
Darum, Bruder, halte still:
alles kommt wie Gott es will!

Viel Geschrei und wenig Wolle

Ob die Seele mit dem Geist verbunden,
ob dieser sich dem Physischen entwunden,
ob beide unabhängig voneinander walten.
Das Individuum gar in zwei Hälften spalten,
ob gleichbedeutend sie im Immanent –
ist das die Frage, die euch auf den Lippen brennt?
Verlohnt es sich, darob sich abzuhärmen?
Dann frag' ich euch: Was habt ihr in den Därmen,
dass euch der Leib ob solcher Fragen schmerzt?
Ihr habt vor der Natur schon euren Ruf verscherzt!
Denn sie, die Große, die Behabene, steht draußen,
steht abseits und lacht, wenn euch die Schädel sausen,
und hüllt sich schweigend, kalt in ihr Gewand.
Sie lockt nicht euer menschlicher Verstand,
sich vor der Dilettanten Augen zu entblößen,
und salutiert auch nicht vor sogenannten "Größen"!
Gerade deshalb wollen wir ihr redlich danken,
dass undurchdringlich ihres Reiches Schranken,
sie das Geheimnis ihrer Reize nicht verschleudert.
Ob euer Geist vor ihren ehernen Gesetzen meutert,
das ist ihr wohl und dein, der sie gehalten eben recht.
Er schuf nicht Philosophen, nur das menschliche Geschlecht.

Der Heißsporn

Wer so ein echter Heißsporn ist,
der provoziert, gar manchen Zwist,
lässt sich nicht von Bedenken
und guter Einsicht lenken.

Fühlt sich gekränkt, verletzt im Nu,
als Besserwisser noch dazu,
und glaubt mit groben Waffen
Respekt sich zu verschaffen.

Das Gegenteil ist stets der Fall:
wer gar zu wuchtig schlägt den Ball,
wird übers Ziel meist schießen,
was mag noch mehr verdrießen.

Macht ihn Erfahrung nimmer klug,
die ihn belehrte oft genug,
dass ihn der falsche Schlüssel
nicht führt zur vollen Schüssel?

Dann nimm er sich ein wenig Zeit,
der Weg zur Einsicht ist nicht weit,
sonst steckt die Welt – au Backe –
ihn in des Zwanges Jacke!

Ihr lieben Freunde, lasst das Grollen;
s' ist doch ein armes Menschenkind!
Denn alle treiben, tanzen, tollen
in des Lebens Wirbelwind.

Ich habe längst mich abgefunden
mit Firlefanz und Narretei
und mich dabei selbst überwunden –
gleicht doch ein Ei dem andern Ei.

Wenn auch in ausgesuchten Farben
der Leine durch das Dasein geht,
die andern Ruhm und Rang erwarben,
vom Landsknecht bis zur Majestät.

Und wenn man all die irdschen Dinge
in philosoph'schen Licht besieht:
Dem Taumel düstrer Nebelringe
der Geist, der göttliche, entflieht.

Ja, wer nicht strebt mit allen Kräften
nach irgendeinem Ideal,
der wird, trotz Überstrom von Säften,
verdursten hier im Erdental.

Bahnbrecher

Stolz bäumt sich auf, die physische Gestalt: es bahnt mit Beil und Schwert sich die Gewalt durch Baum und Strauch den Weg; trotz Weh und Ach will sie ihr Ziel erreichen, drum muss dem Rohen alles Edle weichen, dem wilden Dornenweg.

Es drängt Gewalt sich trotzig auf die Gassen, sollt' auch Kultur durch ihren Strahl erblassen und Zivilisation! Mag auch die Freiheit uns im Lied erklingen – sie lässt sich doch nicht in Akkorde zwingen: im Missklang schrillt ihr Ton.

Viel leichter wird es der Vernunft gelingen ins freie Land sich durch den Busch zu ringen, indem sie mit Bedacht die Zweige biegt, die ihr den Weg verstellen; so wird das Himmelslicht das Ziel erhellen, das ihr so golden lacht.

Hier quillt die Kraft, wo Friede weit und breit, der Geist erstarkt in stiller Einsamkeit! Den Menschen fern und groß wo im Gewühl versiegt des Menschen Kraft, im wildem Kampf ihm Herz und Sinn erschlafft, ist ohne Schwert er bloß Bruder, sprich mir nicht von Gnaden, die da kommt von Gott allein! Möge diese angedeih'n dem gefangenen Piraten, einem Sklaven, ärmsten Wicht, dem's an eigner Kraft gebricht!

Fordre Recht vor allen Dingen, wie es jedem, gleich gebührt! Lässt dein Stolz dich ungerührt, muss ich kämpfend es erzwingen. Deine Gnad beglückt den Knecht, freier Mann begehrt das Recht!

Ohne Existenzkampf: Degeneration!

Daseinskampf, naturgegeben wird den Menschen erst erheben,
fördern seinen Intellekt, da das Ringen wie das Streben
edle Kräfte in ihm weckt.
Werte, die vor allen Dingen dem Naturgesetz entspringen,
lassen sich zur Gegenwehr nicht von ungefähr erzwingen,
klügeln wir auch noch so sehr.
Sehen wir uns um im Kreise, wo Natur auf ihre Weise
erst das Wunderbare schafft!
Was entsprungen ihrem Gleise, das entartet und erschlafft.
So das Haustier vor der Krippe muss bewegen nur die Lippe,
um zu mästen sich gar bald; denn es droht ihm keine Klippe,
Not, Gefahr im freien Wald.
Doch das edle Wild hingegen muss im Daseinskampf sich regen:
Hunger schafft Intelligenz zur Entwicklung aller wegen'
Sattheit zeugt nur Impotenz.

Man muss nicht überall dabei sein

Das Leben bringt so mancherlei,
das uns in Lust vereint,
auch ist zuweilen man dabei,
wo man. im Schmerze weint;
ob Tränen fließen oder Rheinwein –
man muss nicht überall dabei sein.

Und wurden Orden viel verteilt,
Banknoten noch dazu,
viel lieber hab' ich fern geweilt
in wohlverdienter Ruh`.
In München, Dresden oder Zeithain –
man muss nicht überall dabei sein.

Indessen in des Volkes Mitt` –
potztausendsapperlot –
den Sünder straft der Eselsritt
und. aller Leute Spott;
bin selber auch ein armes Käuzlein –
man muss nicht überall dabei sein.

Wenn ich einmal gestorben bin
versäume ich nicht viel:
die Menschen treiben fernerhin
doch nur das gleiche Spiel.
Sind's Männlein auch und schöne Weiblein –
man muss nicht überall dabei sein.

Wichtig nimmt's der Streber heute,
da er jung und. hoffnungsvoll,
freut sich schon auf schöne Beute,
die dereinst ihm werden soll.

Sucht mit unbeugsamem Willen
auf dem Vorsatz zu bestehn,
dass sich möge das erfüllen,
was er klügelnd ausersehen.

Die Erkenntnis aber schreitet
der Erfahrung analoge
und sein Horizont sich weitet,
fühlt, dass er sich selbst betrog.

So ein rechter Mann geworden,
schafft's ihm nimmermehr Verdruss:
auf der Schwelle hehrer Pforten
setzt bewandert er den Fuß.

Schließlich zeigt sein langes Leben,
dass nicht so, wie er gewollt,
endigte sein ernstes Streben –
wie's das Schicksal ihm gezollt.

Darum sei der Mensch beflissen,
nur das Mögliche zu tun;
was nicht sein kann – muss er wissen –

Gut gemeint

Stehst du da mittendrin im Leben,
so wehr' dich tapfer deiner Haut.
Ich kann dir keine neue geben,
wenn sie zerschlissen und ergraut.

Mit allem, was dich quält auf Erden,
stehst du auch schlecht in deinen Schuh'n –
musst du alleine fertig werden,
weil jeder mit sich selbst zu tun.

Ein jeder Tag bringt neue Sorgen;
für heute schlage sie entzwei,
begegne frischen Muts dem Morgen
und halte dir den Rücken frei.

So wirst du besser oder schlechter
die Pfade deines Lebens gehn;
doch lasse des Gesetzes Wächter
nur tatenlos beiseite stehn.

Und nun zum Schlusse lass' dir raten,
sei dir dein Leben lang bewusst,
dass du für alle deine Taten
Verantwortung selbst tragen musst.

Dann gönnst die Krone du dem König
und eine ganze Welt dazu,
er hat so viel, wie du, so wenig
und lebt sein Leben so wie du!

An die Astrologen

Eilig um den Sonnenball kreisen wirbelnd die Planeten,
unablässig durch das All ziehn vereint die Majestäten.
Prangen in geborgtem Licht; doch das fällt nicht ins Gewicht,
denn getreu in stetem Bunde zeichnen sie in ihren Kreis
wie man schön zu sagen weiß –
Sternendeutern sichre Kunde.
Wo blieb diese Wunderkraft, gäb' es hier auf unsrer Erde
nicht die edle Wissenschaft und gescheite Fachgelehrte?
Astrologen-Weisheit viel, die das höh're Kräftespiel
gar geheimnisvoll den Leuten in Bezug auf ihr Geschick,
sei es Unglück oder Glück, aus den Sternen klügelnd deuten!
Keiner hätte je erkannt, dass das Schicksal eines jeden
eng verknüpft mit jenem Band, das da ziehen die Planeten,
wenn nicht Menscheneitelkeit triumphierte allezeit!
Und das Menschenschicksal stünde unbekannt in Nacht gehüllt,
wie es einmal sich erfüllt, schoss' Natur in sichre Gründe!
Was dem Menschen sie versagt, kann er nimmer mehr erzwingen.
Wer den Kampf mit Geistern wagt, die da alle Welt durchdringen:
Dessen aberwitz'ger Streich kommt der Gotteslästerung gleich!
Gott ließ uns Erkenntnis werden: Was da lebt ist in der Welt
gleichem Einfluss unterstellt. Schicksal lenkt nur Er auf Erden!

An die Gelehrten

Ihr Herren, die ihr vom Katheder gar kühne Asphorismen schleudert, der Spiritus rector durch die Feder euch emsig fließt und ringt und läutert und wagt den Kampf mit Geistesfürsten, in deren Stapfen ihr euch rührend quält, das Ego Zentrum habt herausgeschält – wonach mag weiter euch noch dürsten?

Ihr macht euch tunlichst zur Devise im Studium hoher Wissenschaften den Wert der Psychoanalyse! Bleibt auch was für die Nachwelt haften – wir werden es wohl nicht erfahren! Doch spricht von Ethik man, Psychologie, von Ethno, Bio- und Mythologie genau wie heut' vor tausend Jahren!

Ihr werten hochgelehrten Herren, die ihr entdeckt mit einem Male bei vielem Hinunterzerren die hohen Menschheitsideale! Was nützt es uns, den sterblich Armen, wenn eure Leuchte dennoch ewig nie den Weg mag weisen zur Eudämonie und nicht die Götter sich erbarmen?

In dieser Welt, der ewig alten, wühlt eifrig ihr nach neuen Dingen; doch wird die Sonne uns erkalten, eh' ihr vermöget zu erbringen was Besseres, als sie selbst mag geben unmittelbar aus ehernem, hehrem Born! Und ihr gebt weise Pegasus den Sporn, zu schauen ihr geheimes Weben!

Aus ihm mag ernste Wahrheit sprudeln! Wir wollen öffnen ihr die Herzen, statt unsere Sinne zu besudeln, betäuben mit gelehrten Scherzen! Mögt forschen ihr mit allen Rechten! Doch was da ist: Kriterium, Polarität et cetera, fühlt jeder Mensch, ob früh, ob spät, ohn' dass er glänzt in Wortgefechten!

Rechte und Pflichten

Sei der Pflichten dir bewusst,
die du stets erfüllen musst.
Wer sie mag vergessen,
hat nicht recht zu essen.

Denn wer das nicht selbst verdient,
nutzlos ihm die Zeit zerrinnt,
darf in spät'ren Tagen
über Not nicht klagen.

Hat zu leben denn ein Recht
ein stets müßiges Geschlecht?
Lieber Freund, mitnichten,
kennt es keine Pflichten!

Worte, die man nicht spricht

Es sprießt manch Pflänzchen in der Welt, des Namen unausgesprochen, weil da der fromme Tugendheld naserümpfend es besprochen. Erhob'nen Haupts im Bogen weit umgehens die Unfehlbaren; doch unterm Himmel es gedeiht und blüht seit tausend Jahren. Im Schädel findet Raum sein Name' genug zu jeder Stunde, indes er wandelt sich zur Scham und Ekel erst im Munde. Obwohl der Herrgott ihm hat Licht und Luft und Raum gegeben – der Mensch nur möcht', der arme Wicht, versäuern ihm das Leben.

Gedanken sind, noch keine Tat

In des Denkgehäuses finsterem Gemach treu vereinen sich umfassende Gedanken, reifen Wünsche, Pläne, werden Bilder wach, deren Form umweben wesenlose Schranken.

Hier gelangt zur Reife wohl der Plan, und Vollkommenheit scheint wirklich ihm zu eigen; geht man aber an das Werk heran, legt sich aufs Gemüt oft gar bedenklich Schweigen.

Schließlich lernt der Mensch, dass wahre Tat durch Gedankenkraft sich niemals lässt vollbringen.

Ist auch edel die Gedankensaat, nie zu einer Ernte wird empor sie dringen.

Eine Welt hat wohl im Schädel Raum, drin vereinen sich des Geistes schöne Werke, Nie; jedoch ist Wirklichkeit der Traum, nur mit Tatkraft erst versetzt er allmählich Berge.

Langeweile

Aller Übel schlimmste ist die Langeweile: dem Betroffenen dehnt die Spanne sich zur Meile, unerträglich ist die Zeit, die an ihm nagt, wie der Überdruss, die Sattheit, stets den Ärmsten plagt.

Eine Folter, die noch nie ward übertroffen: jede Krankheit lässt Gesundung noch erhoffen; doch der Langeweile unheilbares Weh, gleicht dem Wrack im Sturm auf uferloser See. Wem der Zweck des Daseins, pflichtbewusstes Streben, ging verloren, den wird kein Besitz das Leben lebenswert empfinden lassen: immer mehr wird zur Qual das Leben und die Welt ihm leer.

Scheinwelt

Die Welt ist voll kaleidoskopischer Figuren,
zeigt stets sich in veränderten Konturen;
je nach der Brille, die man schicklich trägt,
ist rund sie, eckig, eben, abgeschrägt.

Wir sind die Teilchen selbst der Optikwunder,
Prismienbilder , bunt und immer bunter;
doch sieht stets der, der durch die Gläser schaut,
den Andern nur, nicht seine eigne Haut,

So muss das Scheingebilde jäh zerrinnen.
Konglomerat verzerrt in unseren Sinnen.
Ob Duft, ob Farben, Formen, Raum und Zeit,
sie sind nur unsre Dinge, nicht die Wirklichkeit!

Ticktack – Ticktack

Ticktack Stund' um Stunde
macht der Zeiger seine Runde.
Ticktack Tag um Tag, Jahr, um Jahr,
und es wird uns schließlich klar,
dass bedrohlich glimmt die Lunte!

Es hilft da kein zagen,
kein trauern und, ach, kein klagen.
Die Stunden rinnen schneller dann,
dann drängt die Frage stets: wann – wann?
Du musst fortan kämpfend wagen!

Sollst kein Schloss dir bauen:
nur auf Gott musst du vertrauen!
Sei glaubensstark, hab' frohen Mut,
dann wird am Ende alles gut
ewig wird der Himmel blauen!

Der Undankbare

„Was hat das Leben uns gegeben,
das Leben, das nur Kampf bedingt,
mit Sorgen nur und Pflichten?
Bei allem Fleiß, bei allem Streben!
Begonnen kaum, das Alter winkt.
Hat es gelohnt mitnichten!"

So spricht der Tor, den alle kennen,
der doch fürwahr ein armer Wicht,
der ohne Herz und Seele
und kaum noch wert sich Mensch zu nennen.
Wer nicht erkennt des Daseins Pflicht,
dem Teufel sich vermählen!

Des Daseins Kampf musst du bestehen:
er führt zu Sieg, zu Freud'
und Glück und wahrem Herzensfrieden.
Des Lebens Reiz kann nur erhöhen,
was aufwärts führt ein gutes Stück
zu deinem Heil hinieder!

Das Karussell

Es dreht sich emsig um im Kreise
bei mancher frohen Orgelweise, damit vergnüglich jedermann
sich mit ihm drehen und wenden kann.

Wie genial ist die Erfindung!
Sie braucht der Mensch zur Überwindung der Kurve,
wenn ihn die Natur zu lange hielt auf gerader Spur.

Wenn einer dann im richt'gen Dralle,
erlebt er erst die Wunder alle,
die solch ein Karussell der Lust
wirkt analog in Kopf und Brust.

Zuletzt mag er den Trost gewinnen:
wer in der Welt steht mittendrinnen,
den mahnt sie oft gar viel zu schnell
und strenge an das Karussell.

Gemeinsames Ziel

Von bunten und buntesten Lappen behangen kommt dieser und jener durchs Leben gegangen, als gute, als schlechtere Karikatur, Produkt eines launiges Spiels der Natur.

Es lärmen die Trommeln, es schmettern Fanfaren, begeistern die Horden, Tyrannen, Barbaren; auf mutigen Zelter der eine sich schwingt, der andre von knechtschen Lakaien umringt. Und andre dann wieder behäbig sich recken, den lästigen Wanst auf die Polster zu strecken, da ihnen vom Handel ein reichliches Plus gestattet zu schweigen in Freud und Genuss.

Im Elend verbittert, dem Hasse verbunden, im Kote sich windend, das Antlitz zerschunden, beneidet der eine des andern Gefährt, verroht, wie im Wahn, sich der dritte gebärd't. Es schwellen die Bäche, vereinet zum Strome, wo unter dem ewigen endlosen Dome, vorüber sich wälzet ein brodelnd Gezisch, des vielfarbigen Wassers gar buntes Gemisch, so nähern sich alle dem Einzigen.

Wo finsterer Pforte erschreckende Kühle mit eisigen Fesseln in grausiger Nacht, sie grausam umschlinget mit tödlicher Macht. Getrieben vom Sturme dämonischen Webens verwehen die Blüten, die Früchte des Strebens: der eine, der andre, in Freuden, in Not, sie all flieh'n in Hast, in die Arme dem Tod.

Perspektiven

Nie verzagen, nimmer klagen,
wenn dir, droht des Kreuzes Last;
Leiden heldenhaft,
ertragen ziemt dem frommen Erdengast.
Also hört man häufig sagen andre,
die das Leid verschont,
die in frohen Lebenstagen
Freude nur und Glück gewohnt.

Wer indes vor Gram erschüttert,
stets erduldet Qual und Pein,
letzte Hoffnung ihm zersplittert,
Not und Sorgen kehren ein.
Wunder nicht, wenn er verbittert
durch des Lebens argen Wust,
stößt, von wildem Schmerz durchzittert,
fromme Tugend aus der Brust.

Ein hoher Giebel ziert das Haus

Die erste Pflicht im Menschenleben
ist frommes Tun und redlich Streben,
und wer sich dessen rühmen kann,
ist wohl ein ehrenwerter Mann.

Doch mancher sucht erst anzupacken,
sitzt ihm der Teufel schon im Nacken,
denkt, dass bequemer noch mit List
auch etwas zu erreichen ist.

Um jeden Preis zu promovieren,
gilt es die Mittel aufzuspüren,
er weiß, ihm steht der Doktorhut
wie seinesgleichen trefflich gut.

Sagt sich im Stillen:
„Wie ich's mache, das tut ja alles nichts zur Sache;
mag jedes Mittel heilig sein,
das mit dem Titel nichts gemein!"

Nun steht er sittsam hoch in Ehren.
Wer mag im Leben mehr begehren?
Der Titel macht den Menschen aus,
wie da der Giebel ziert das Haus.

Und alle, die vorübergehen,
zu ihm hinauf mit Ehrfurcht sehen.
Woran's dahinter auch gebricht:
der Giebel wehrt dem Sonnenlicht!

Ihr sprecht von bösen Zeiten,
vom Elend dieser Welt,
als ob nur sie zum Streiten getrieben euch ins Feld.
Die ihr das Land verwüstet, vom Guten abgewandt,
zu freveln euch gelüstet' mit Willen und Verstand.

Ihr habt hier nicht zu rechten, es sei denn über euch,
die ihr selbst Schuld am Schlechten,
empfangt den Lohn zugleich.
Drum müsst das Kreuz ihr tragen
– ob ihr so sehr auch grollt –
und dürft darob nicht klagen, da ihr es so gewollt!

Kritik eines Pessimisten

Solange die Menschheit besteht,
es immer auf und abwärts geht.
Sie macht es bös, sie macht es gut,
doch niemals unter einem Hut.

Indessen ist wohl jedem Tier
die Gattung allerhöchste Zier,
denn nie im ewigen Weltenlauf
frisst ein Kamel das andre auf.

Was sind die Menschen im Vergleich
an Geist und Seel' unendlich reich.
Betrüger, Mörder, Dieb und Strolch,
voll Habgier mit gezücktem Dolch!

Ist's eine Würde Mensch zu sein?
Der Gottheit Ebenbild nur Schein,
nur Anmaßung ohn' Recht und Fug,
nur Scheingestalt voll Lug und Trug?

Glossierte Betrachtung

Die Sterne, die begehrt man nicht,
man freut sich ihrer Pracht .
Ach, wie bescheiden doch das Menschenkind!
Auch was es oft am Wege find't
wird vielfach kaum beacht't.

Was es am wenigsten begehrt,
ist der Besitz im Übermaß,
ein Feld voll Tulpen es minder ehrt,
als drei nur im kristallnen Glas.

Es freut mich, wenn die Sonn' aufgeht,
viel weniger, wenn sie hoch schon steht;
o wie ein Feuerwerk hat sie nie begeistert,
wenn der Raketenmann es tüchtig meistert.

So sehr entzückt die Menschen von heute,
oder auch – wie man sagt – die Leute,
weder Himmel, Sonne, Mond und Sterne,
wie eine Auto – Protztour in die irdische Ferne!

Wellen

Ein weltbewegendes Geschehen? -
Das hab' ich längst schon kommen sehen,
weil immer es so kommen muss:
Steht wo an exponierter Stelle
ein Fels, so peitscht ihn oft die Welle
und auch der Wolken Regenguss.

Nach alten ewigen Gesetzen.
Um gar daran sich zu ergötzen:
wie herrlich doch der Brandung Spiel! –
Im Wirbeltanz auf freiem Meere
und seiner tausend Stimmen Chöre,
die Welle keimt kein andres Ziel.

Wo immer Elemente streiten,
wird schließlich dem die Macht entgleiten,
der haltlos sich im Strudel dreht.
Vermag auch sehr sich aufzubauschen die Weh',
sie wird am Strand verrauschen –
der Fels auf festem Grunde steht.

Parallelen

War unser Herrgott einst strenger als heute,
oder waren die Menschen einst schlechtere Leute
in Sodom und Gomorrha? – Ungeheuer!
Sie fanden den Tod durch Schwefel und Feuer.

Zwar wurde uns nie ganz sichere Kunde,
dass Gott und Teufel sich einig im Bunde;
doch schien indes, dass der Teufel versagte
und bisher die Menschen nicht mehr so plagte.

Der gnädige Gott, barmherzig, geduldig,
verurteilt, die Sünder nicht leichthin als schuldig.
Er schaut sogar zu, wie sie überhandnehmen,
und lässt sich von irdischen Richtern beschämen.

Wär's wunder da, wenn des Zusehens müde
der Teufel verachtete die himmlische Güte,
bestrafte der verkommenen Menschheit Frevel,
wie einst, so heute mit Feuer und Schwefel?

Gedanken zum Gebot unserer Zeit

Der Ruf der Zeit dringt durch die Welt:
sie friedlich zu einen unter einem Zelt.
Wenn Völker in Egoismus und Parteienstreit
ihre Kräfte sinnlos verzetteln
und um die Gunst der Wähler betteln,
dann ist der Weg zu ihrem Wohl noch weit!

Vom Einzeller bis zum organischen Wesen
schritt die Entwicklung unaufhaltsam fort.
Allein des Menschen falsche Hypothesen
verlängern seinen Weg zum sicheren Port.
Denn die Naturgesetze frevelnd ignorieren,
heißt wohl das Spiel des Lebens zu verlieren.

Kantone, Fürstentümer bis zu Königreichen –
sie müssen einmal notgedrungen weichen,
denn Eigenbrötelei und manch veraltet Spiel
sind nimmer unsrer Zukunft Zweck und Ziel.
Und nimmer bleibt die Entwicklung stehn –
die Völker würden zugrunde gehn!

Sie kann im Irdischen dereinst nur enden
im großen Verband von Kontinenten.
Ein Himmel nur gibt uns das täglich Brot,
aller Menschheit zu ihrem Segen,
die auf steinigen, dornenvollen Wegen
ihr Dasein traurig fristen muss,
bei schwerer Arbeit, Not und Verdruss!

Wann beglückt uns das ersehnte Morgenrot?
Wenn in den Völkischen Parlamenten
sich solche Geister zusammenfänden,
die begriffen in unserer Zeit der Not
das Naturgesetz als göttliches Gebot!

Üble Begleiterscheinungen unserer Zeit

Wer will behaupten,
dass die Moral die selbige ist wie dazumal,
als man noch achtete die guten Sitten,
wo da die reiferen Töchterlein,
wenn schon erloschen der Abendschein,
brav an der Seite der Mutter schritten?

Sind's nun die Jungen, die Alten gar,
die heut' der Sorgen und Pflichten bar,
sind's die Behörden, die den Vorschub leisten?
Nein, nein; es ist der Zeiten Geist,
der geradewegs in die Niederung weist,
voran die Asozialen und die Dreisten.

In jetzigen Zeiten – um Mitternacht –
streifen die Buben und Mädchen sacht
durch lichte Straßen und finstere Gassen,
küssend und kosend ohne jede Scham,
wo kaum ein Mensch dran Anstoß nahm,
doch Grund genug, dies Treiben zu hassen.

Und junge Burschen in später Nacht,
die nur auf Raub und Stehlen bedacht,
belasten unaufhörlich die Gerichte.
Sie sind nur Schandfleck für unsere Zeit,
bringen dem Volk nur Übel und Leid,
ein trübes Kapitel deutscher Geschichte.

Niemand erklärt uns des Übels Grund –
wer fasst das Steuer in letzter Stund'?
Wir wollen Wendung von unserem Gott erflehen,
von den Sternen erflehen ein gut Geschick,
dass uns erhalten bleibt das irdische Glück
und nicht die Menschen gar hilflos untergehen!

Zaungastperspektiven eines Utopisten

Wie einstens selbst im Zarenreich
die Völker frei von ird'schen Nöten,
so leben heute alle gleich, darinnen wie im Garten Eden.

Weithin ragt friedlich das Panier für Gleichheit,
Freiheit allerwegen, der eignen Völker Elixier
und schließlich aller Welt zum Segen.

Sie dürfen sich im Hochgenuss in Sonn'
und unter – Sternen wiegen,
des Wohlstands reicher Überfluss
verfrachten noch in langen Zügen.

Man möcht' zerspringen schier vor Neid!
Die Glücklichen im deutschen Osten
bekommen von der Herrlichkeit,
als Brüder, auch ihr Teil zu kosten!

Ein Notschrei

Die Welt, die arge Welt ist zu laut, viel zu laut!

Ein einziger Jahrmarkt, eine Dauermesse, und aufgefüllt wie ein Riesen – Krämerladen, ein Rummelplatz, auf dem man den „Lukas" haut!

Es gibt gewiss noch große Männer der Tat, deren Stimmen aber verhallen in der Wüste. Marktschreier und ringsum Geschäftemacher übertönen laut sie von früh bis spät.

Wo ist die harte Faust, der starke Mann, der Reinemacher mit dem eisernen Besen? Wo sind die selbstlosen Geisteskräfte, die keiner im Volke bestechen kann?

Wo bleibt die himmliche Gerechtigkeit? Steigt sie nicht endlich auf die Erde nieder, die Wechsler aus den Tempeln zu treiben? – Wär's doch höchste, allerhöchste Zeit!

Hat es der strafende Herrgott selbst so bestellt, die irrende Menschheit gar auszurotten? Der Weise sieht die abschüssigen Wege, ihren – und den Untergang der Welt.

Die Naturforscher

Wie viel ist schon an allen Orten geredet und geschrieben worden um das Warum, Weshalb, Wozu. Denn jeder wollte doch partout des Rätsels Lösung finden.

Sie drehen alsbald von vorn nach hinten
das Ding um zu betasten es gar schlau,
erkennen durch die Lupe ganz genau,
und sind sich endlich drüber klar:
Es ist(was es schon immer war) –
ganz ohne Zweifel eine Nuss! –
Zitieren ferner-noch zum Schluss:
„Dass nach Zertrümmerung ihrer Schale
sich zeigte schon beim ersten Male,
o Wunder, der entblößte Kern.
Nun sind wir nimmer gar so fern der wahren,
einwandfreien Lösung, da uns gelungen die Entblößung
und das Geheimnis zu entschleiern!
Last nun die Menschheit Feste feiern:
Wir sind dem innern Wesen der Natur
dank dieser Neuentdeckung auf der Spur!
Denn so ist's auch bei den andern Nüssen –
nur, dass wir sie erst knacken müssen!
Ja, nur an dieser Kleinigkeit
hängt der Verschluss der Wirklichkeit!" –

Um den Katheder

Ach was reden wir so klug
von den welterhabnen Dingen,
nehmen Anlass gar genug,
auf des Geistes hehren Schwingen,
ihre Wunder zu besingen,
schauen stolz bei hohem Flug.

Wissbegierig jeder Mann
lauscht und lässt sich gern belehren,
drängt sich vor, so gut er kann,
Neuergründetes zu hören,
um von dieser Speis zu zehren
lange in des Geistes Bann.

Wunder also, wenn allein
diese Tatsache spornt zu reden
von geheimnisvollem Sein?
Wenn die Weisen und Propheten
unbekanntes Land betreten
und sich freu'n mit Glorienschein?

Drohnen

Seltsam ist doch die Erscheinung,
dass nach mancher Leute Meinung
es nicht schicklich, vornehm sei,
sich mit „allem" zu befassen:
Waschen, Kochen und derlei
muss man andern überlassen!"

Ihren Dienern, die geringer;
weil so zart die eignen Finger
und die Frau, die „Gnäd'ge"
glaubt, dass vor andern ihres Standes
sie der Würde sei beraubt,
fremd der Sitte ihres Landes.

Trägt nicht mancher hoch die Nase,
der, da in besondrem Maße
dünkt sich vornehm, ehrenwert?
Hofft, dass jene ihn noch loben,
denen er den Rücken kehrt,
gnädigenfalls besieht von oben!

Sind auch Sonne und Fortuna wenig hold,
so ist es Luna, deren Schein noch g' rad' genügt,
würdig zu bestehn im Kreise,
der sich selbstgefällig wiegt über niedrigem Geschmeiße.

Doch es wird sich nimmer lohnen,
da vorbei die Zeit der Drohnen,
die ein schaffend Volk ernährt.
Heute kann nur der bestehen,
der in Taten sich bewährt.
Jene mögen untergehen!

Anklage des Hausschweines

„Eure Freundschaft", sagt das alte Schwein,
„kann für unsereins doch keine Ehre sein!
Denn ihr Menschen, heuchlerisch und roh,
gebt uns Milch und täglich frisches Stroh,
füttert sorglich uns, wie euer Kind,
schützet uns vor Hitze, kaltem Wind,
seid hinfort auf unser Wohl bedacht,
das bisweilen euch bekümmert Tag und Nacht.
Dass wir finden stets den Trog, den vollen,
gebt ihr gerne mehr noch, als wir wollen,
tut stets so, als freut ihr euch im Stillen,
wenn sich unsre Leiber mählich füllen.

Nehmen so wir zu an Größe und Gewicht,
macht ihr ein vergnügliches Gesicht.
Wenn wir immer mehr uns runden,
fühlt sogar ihr euch verbunden,
stolz dem Nachbarn zu bekunden,
dass so prächtig wir und gut gediehen
und dazu mit einigem Bemüh'n
stellt zur Freude ihr uns noch zur Schau
und errechnet obendrein genau,
den Profit den wir noch müssen bringen,
sollt' die Mästung rühmlich euch gelingen.

Das ist euer heuchlerisch Bestreben!
Schließlich trachtet ihr nach unserm Leben!
Ob wir sehr auch fleh'n in unsrer Not:
was rührt es euch, ihr schlagt uns dennoch tot!"

Der Pessimist

Hier in diesem Jammertale
kennt man keine Ideale,
hier kennt man nur Neid und Hass,
Missgunst ohne Unterlass
unter schlecht verhüllter Schale.

Leider müssen – auch die Guten
darben unter diesen Knuten.
Denn wer könnt' den Teufelsmüh'n
mit Erfolg sich noch entzieh'n,
dieser Erde Höllengluten?

Steht uns nicht der Himmel offen,
ist auf Erden nichts zu hoffen,
wo der böse Geist regiert:
keiner Gottes Hauch verspürt,
wenn ihn nicht sein Strahl getroffen.

Last euch nicht die Sicht verdecken:
Hoffnung geht gebeugt am Stecken.
So wie uns erscheint die Welt,
ist sie übel nur bestellt,
voll von Not und Leid und Schrecken.

Einem Pessimisten ins Stammbuch

Der letzte Marsch wird dir geblasen,
bevor dich deckt der grüne Rasen,
dann singt man dir zuguterletzt
ein Liedchen noch, das dich ergötzt.

Indessen blickst du heiter von hoher Himmelsleiter.
Du siehst, es ist ganz schön zu sterben,
schon um das Wohl der lieben Erben,
die doch so gern zur Lebenszeit
dir Gutes nur zu tun bereit,
dass dir nicht schwer soll werden
das Scheiden von der Erden.

Wie du das Leben auch genossen,
man macht darüber seine Glossen
und setzt vielleicht ein Denkmal dir,
als Krone deiner Tugendzier, gesetzt,
dass deinem Stolze nicht würdig eins von Holze.

Ob dich die Freunde wohl vergessen am Stammtisch,
wo du brav gesessen, so manchen Abend
treu beim Skat und italienischem Salat,
oh sie auch um dich trauern, du bist nicht zu bedauern.

Gar mancher wird dich drum beneiden,
wenn du schon gehen wirst beizeiten.
Denn schließlich hat doch keiner mehr,
was von Belang im Leben wär',
er möcht' nicht lange weilen, dir sehnend nachzueilen.

Auch sollst du dir nicht Sorgen machen
um alle deine Sieben Sachen:
was sind sie dir im Leben viel,
doch nur Ballast und fremdes Spiel!
Was dein ist, sollst du haben erst,
wenn sie dich begraben!

Guter Rat eines Menschenkenners

Kannst du die Einsamkeit nicht mehr ertragen,
so musst du unter Menschen gehn.
Da kannst du dich mit ihnen fröhlich schlagen
und mit Genugtuung begeistert sagen:
Herrgott, wie ist das Leben schön!

Was dir an deiner Wiege ward gesungen –
wie war so süß die Melodei!
Und wenn sie dir noch nicht so ganz verklungen
und du dich offnen Auges durchgerungen,
gingst an der Welt du doch vorbei.

Denn du bist nicht so recht hineingestiegen,
hast nicht erkannt, was Menschen sind,
die sich vergnüglich in den Haaren liegen
und reden wahr, dass sich die Balken biegen,
unschuldig harmlos wie ein Kind.

Du kannst an ihnen wirklich dich erbauen,
wenn du der Eigenwärme bar;
du brauchst dich also nimmermehr zu härmen,
auch wenn dich's grimmt in allen deinen Därmen,
nicht darf sich sträuben mehr dein Haar.

Gesetzt, es sei dir noch nicht ausgegangen
in der verwünschten Einsamkeit.
Die lieben Nächsten, die sich um dich bangen
und die dir neidlos gern ein Loblied sangen,
sind in der Not stets hilfsbereit.

Du wirst's am eignen Leibe bald erfahren,
geht nur und mache den Versuch!
Das Schicksal möge dir jedoch ersparen,
zu sehen, wie viele deine Freunde waren,
noch eh' dich deckt das Leichentuch.

Edelstes Menschentum

Lieber Freund! Mit Bitten, Beten –
ist gar wenig noch getan –
du musst stets tatkräftig helfen,
geh' mit Gott ans Werk heran!

Nicht der Hände frommes Falten
hilft den Schwachen in der Not,
besser als ein Blick zum Himmel
manchmal hilft ein Stücklein Brot.

Soll nicht heißen, dass das Beten
gar verwerfliche Arznei –
was gibt Inhalt unserm Dasein? –
Leib und Seele, diese zwei!

Darum gibt die gute Mutter
ihrem Kindlein – soll's gedeih'n,
beste Nahrung, Lebenssäfte,
und vertraut auf Gott allein.

Tatenreich gilt es zu stillen
große Not, den Hunger, Schmerz.
Helfer sein bei Leid und Sorgen
wo gebrochen gar ein Herz.

Beizusteh'n mit Nächstenliebe
ist die erste Menschenpflicht,
doppelt wird der Himmel helfen,
wenn dir an Kraft gebricht.

Doch noch eines lass' dir sagen,
keiner weiß, was ihm noch winkt –
ob dir nicht des Schicksals Tücke
Not und bitteres Elend bringt?

Menschen untereinander

Was ist der Mensch in seinem Leben,
wenn ihm nicht Glück und Freud gegeben;
wenn ihn nur Kummer quälen, Leid und Schmerzen,
kein Sonnenstrahl gibt Wärme seinem Herzen?
Der Himmel wird ihm trüb, unheimlich düster,
Quälgeister nah'n mit tödlichem Geflüster.

Der andre neben ihm in Wonne
ergeht sich froh im Strahl der Sonne,
ihm lachen Wies' und Feld und blum'ge Auen.
Er mag den Kranz der goldnen Sterne schauen,
die freundlich zu ihm herniedersteigen,
um ihn zu schlingen ihren goldnen Reigen.

Der Dritte steht auf höh'rer Warte
kühn unter menschlicher Standarte
und sieht die Welt der Schöpfung um sich kreisen,
auf Gottes hehren unsichtbaren Gleisen,
erkennt des Himmels ew'ges Weltgetriebe,
das nicht geschaffen der Menschheit zuliebe!

Denn diese bahnte eigne Wege,
die oft durch dornige Gehege,
Morast und Sümpfe, dunkle Schluchten führen,
wo nimmer sie die Nähe Gottes spüren,
geschweige denn des Nächsten bittres Leiden
und sie auch sich den Untergang bereiten.

Ob heute schon, vielleicht erst morgen
erdrücken ihn die gleichen Sorgen,
der gestern noch vermocht im Glück zu prahlen,
den heute treffen schon die Todesstrahlen.
Der Himmel lässt sich nicht mit Gold bestechen,
und jede Untat wird sich an ihm rächen!

Gottgewollte Gegensätze?

Wer Umgang mit gar vielen Menschen pflegt,
Vertrauen noch in seinem Herzen trägt,
der ist gewiss ein ehrenwerter Mann.
Er hilft, wo er nur dienen, helfen kann,
weist jede Gegenleistung brav zurück,
denn diese schmälert nur des Helfers Glück.

Was wär' das Dasein und die Welt so schön,
ging durch die Herzen wie ein warmer Föhn,
solch göttlich heilsamer Hauch durch die Welt,
der Erde und Himmel zusammenhält!
Wo ist nun die Kraft, die die Menschheit lenkt
und ihr diese einende Liebe schenkt?

Vielleicht soll alles so sein wie es ist,
vielleicht schürt Satan den ewigen Zwist?
Der Mensch wird nie es und nimmer versteh'n,
dass Gute und Böse gleich untergeh'n,
dass der Gute dem Bösen gar unterliegt,
der Böse im Schoße der Unschuld sich wiegt!

Es ist nicht zu erfassen mit Menschenverstand,
dass Gott nicht die richtige Mitte fand,
die Menschen zu einen mit göttlicher Macht,
statt irren zu lassen durch irdische Nacht.
Ach wären sie alle den Engeln gleich,
wie wär's doch so schön im irdischen Reich!

Nun drängt mich noch eine Frage sehr,
wie alles dann wär', wenn es anders wär.
Wenn alle Menschen wie aus einem Rohr geschossen,
ein jedes Ding wie in einer Form gegossen?
Ich glaube, dass ohne jeden Gegensatz
die Welt sinnlos wie ungelöschter Kalk zusammenfällt! –

Menschen im Zeitenwandel

Der eine lebt, der andre stirbt,
der dritte wird, geboren,
und was aus diesem einmal wird,
das sehen wir erst morgen.

Vielleicht ist dann der gute Mann
schon längst berühmt geworden
und glänzt in einem Gremium
mit tellergroßen Orden.

Und deshalb schon gebührt ihm auch
der, Vorrang auf der Tenne:
das Ei ist doch seit altersher
meist klüger als die Henne!

Dass dem so ist, stört keinen mehr –
man könnt sich dran gewöhnen.
Ob so, ob so, es bleibt sich gleich –
wer weiß von Hehrem, Schönem?

Es scheitert manche stolze Bark',
oft an verborgnem Riffe:
Wie der moderne Menschengeist –
so wirr sind die Begriffe.

Was einst der Erdenmensch erdacht
vor tausenden von Jahren,
steht heute noch gar hehr und stolz,
trotzt ewig den Gefahren.

Was die moderne Menschheit schafft:
der Technik Wunderwerke –
erhaben über Raum und Zeit
grenzt wohl an Götterstärke.

Doch den Verlust gleicht sie nicht aus!
Ihn wird der Mensch erfahren
am eignen Geist, an Fleisch und Blut.
nach tausenden von Jahren!

Wer kann sein Schicksal wenden?

Nie hat ein Mensch es kommen sehen,
wenn ihm ein Unheil ist geschehen,
nie war er wenn auch noch so klug –
es abzuwenden stark genug.

Oft konnt' ihn böse Ahnung warnen –
er suchte sich indes zu tarnen
mit Hoffen, Harren und dererlei,
glaubt' nicht, dass Schutz vonnöten sei.

Es flieh'n bisweilen Jahr und Tage,
Da trifft es ihn mit einem Schlage, und eh' man fragt,
wie das geschah, sind Unglück, Jammer, eben da.

Da hört man im Vorübergehen:
„Ja, ja, das hat man kommen sehen."
„Wenn dies und jen's getan man hätt' .
„Nun ist es allerdings zu spät!"

„Tüchtige Leute, die brachten's zu, was!"
hört man gar nicht selten sagen,
und auch von andern, die ohne Unterlass
ärmlich sich durchs Leben schlagen.

Wenn man sich diese und jene besieht,
sind's nicht immer die Gescheiten,
denen schier alles zum Glücke geschieht,
dass man könnte sie beneiden.

Aber was hilft es, bescheiden zu sein?
klüger, zählt man zu den Dummen!
Besser, man stippt in den Honig hinein,
statt zu freu'n sich nur am Summen.

Dennoch, es denkt wohl nicht jeder so;
mancher möcht' in Lumpen gehen lieber,
als glich er gedroschenem Stroh –
o dann wär's um ihn geschehen.

So ist's im Leben – wer hier etwas gilt,
wird – nach dem Besitz gewogen;
so auch der Zufall den Säckel gefüllt,
hat die Welt ihn doch betragen.

Der verlegene Amateur

Sankt Petrus ist ein lieber Mann!
Er ist bedacht, so gut er kann,
das Wetter stets zu wenden,
um Segen uns zu spenden.

Er schickt die Wolken uns zu Hauf,
das Land zu netzen, bald darauf,
zu aller Nutz' und Wonne
hinwiederum die Sonne.

Getreu nach seines Herrn Gebot;
Sonst wären längst wir alle tot
und nimmer könnt auf Erden,
ein Konterfei uns werden.

Wer wird darum verdrießlich sein,
wenn uns im Nu der Sonne Schein
nicht zeigt sich nach Belieben
und sie mal ausgeblieben?

Was klagen wir in Ungeduld
ob der Misere eigner Schuld,
so wir auch hilflos stehen,
verdutzt zum Himmel sehen?

Wie lächelt da der alte Knabe
so mitleidsvoll zu uns herab
und denkt; s'ist zum Beschwipsen!
Könnt ihr nicht mal im Schatten knipsen?"

Die Schöne

Kind, fürwahr, du bist im Städtchen
wohl das allerschönste Mädchen,
und das weißt du auch genau!

Mit dem blonden Hängezöpfchen,
auf der Stirne goldne Löckchen,
Wangen rot und Äuglein blau.

Eilig trippelst du durchs Gässchen
und trägst stolz dein zierlich Näschen,
siehst die Welt noch rosig an;
wie die Nachtigall im Flieder singst
du frohe Frühlingslieder,
lächelst manchem dann und wann.

Keiner scheint dir als der Rechte,
wirfst das Gute und das Schlechte,
alles noch in einen Topf;
naht wohl einmal dir ein Freier,
hüllst dich ängstlich in den Schleier,
steigt das Blut dir in den Kopf.

Und so rasch die Jahre fliehen,
muss die Jugend auch verblühen –
keiner sieht mehr nach dir hin;
deine schönsten Jugendträume schmolzen,
ach, wie leere Schäume,
mit dem Leben bald dahin.

Vom Grüßen

So euch begegnen auf der Straßen
Bekannte oder gar ein Freund,
die euch zu grüßen unterlassen,
obwohl ihr euch gesehen meint:
denkt nicht das Schlimmste unter Grollen,
dass sie nicht sehen und grüßen wollen!

Und wenn auch einmal unterdessen
Verdacht begründet scheinen mag,
so dürft ihr dennoch nicht vergessen,
ein jeder wohl hat seine Plag',
ist in Gedanken oft versunken
und auch mal mit Verlaub – betrunken.

Es kann euch auch einmal passieren,
der Höflichkeit auch noch so hold,
sich eines Tags zu revanchieren,
wenn ihr's bei Gott – auch nicht gewollt.
Es hat auch dieses Ding zwei Seiten,
Des einen Freud' des andern Leiden!

Doch eh' wir auseinandergehen,
habt meinen wohlgemeinten Rat:
Wenn euch die andern übersehen,
o freut euch ob der guten „Tat"!
Wer denken will, mag sich bequemen
bequemer ist's, den Dank zu nehmen!

Der Ungenügsame

Einst ging ich im Herbst durch die Flur,
da blieb ich am Acker bewundernd stehn,
o Rübe an Rübe so groß und schön.
Ein herrlich Produkt der Natur,
jedoch solche Pracht hatt' ich nie gesehen.

Der Bauersmann, tätig am Rain,
hatt' kaum mich beachtet, kaum aufgeschaut,
schien nicht ob des Segens so sehr erbaut:
„Viel größer noch könnten sie sein!" –
sprach's mit halb unterdrücktem Laut.

Der Idiot

Teilnahmslos am Wegesrand
steht er stumm und hört das Leben,
wie es laut vorüberrauscht,
einem Ziele zu streben.

Sieht mit leeren Blicken dort er
Gefährten wild. Gedränge,
hier das wunderliche Tun
einer kunterbunten Menge.

Unbekümmert schleicht er fort,
scheint zufrieden, ohne Sorgen,
denn was dieser Tag ihm gab,
bringt ihm jeder neue Morgen.

Wird dem Armen nie zuteil
Glück und Freud und Liebeswonne?
Dringt in seine Menschenbrust
nie ein heitrer Strahl der Sonne?

Ob darinnen liegt vielleicht
seine Welt, die ungeahnte,
und nach dorten die Natur
ihm nicht eigne Wege bahnte?

Trägt in seinem Busen er
nicht auch irgendein Verlangen?
Ist im ganzen Leben dann
ihm kein Lichtlein aufgegangen?

Ein Problem

„Rückwärts?
Nein, mein Lieber vorwärts geht's,
ganz ohne Zweifel!"
Sprach der Schaffner selbstbewusst.
„Wie mir scheint, hast du die Richtung
nur im Eifer hier verwechselt,
kommst daher zu falschem Schluss!"

Drauf der andre sagt „Mitnichten!
Komme, wenn mit dir ich fahre,
doch stets weiter ab vom Ziel! –
Nun, ich bleibe hier im Wagen,
fahre dann dieselbe Strecke
vorwärts auf der Rückfahrt mit!"

„Eure Brillen" – sagt ein Dritter
Sind konkav, konvex geschliffen,
deshalb habt ihr beide recht!
Oder ist's die Perspektive,
dieselben Dinge zeigt,
diesem eckig, jenem rund?"

Gefährlicher Diensteifer

Ob's Schulze, Müller oder Maier,
bleibt Hos' wie Jacke allemal;
doch ob's ein Hahn, ein Lämmergeier,
das ist nun freilich nicht egal.

Wenn letzterer im Herrscherdrange
ein unschuldvolles Lämmlein schlägt,
gebührt ihm keine Ehrenspange,
die man am Rocke sichtbar trägt.

Doch schreib' zum Hohn ich diese Zeilen,
da mir der Fall beachtenswert;
ihn abzutun will ich mich eilen,
weil der Gedanke an mir zehrt.

Steht da auf exponiertem Posten,
am Straßenkreuz der gute Mann,
auf Staats- das heißt, auf unsre Kosten –
die Furt zu zeigen jedermann.

Ein Jüngling da von achtzehn Jahren
begab sich – ob zum Zeitvertreib? –
in dieses Weltverkehrs Gefahren
und trug hinüber seinen Leib.

Als der Gestrenge dies erkannte, –
obwohl zugegen war das Glück –
ein scharfer Blick den Jüngling bannte!
Er zwang ihn abermals zurück!

Dann erst auf die exakten Winke
ward die Passage wieder frei;
er hob gar selbstbewusst die Linke
und fand Genugtuung dabei.

Es könnt' daran uns nicht viel liegen;
jedoch hier steckt des Pudels Kern,
mag es auch brechen oder biegen,
der Herr sieht hier in sich den „Herrn".

Applaus

Der Applaus, Mime, sei dir wohl gegönnt,
der stürmisch braust aus breitem Publikum,
dem voll Begeisterung das Herz entbrennt.
Gar selbstbewusst verneigst du dich
stumm und nimmst ihn bar,
von Dankbarkeit gerührt,
obgleich er dir, mein Freund,
nicht voll gebührt.

Was du gibst, ist das deine nur bedingt:
Der eigentliche Wert begründet
legitim Werke selbst.
Erst wenn dein Spiel gelingt,
hast dank des Schöpfers du allein gesiegt.
Dann brich von seinem Lorbeer dir ein Reis,
dass es dich zier' in deinem Wirkungskreis.

Das Publikum gibt dir den Beifall gern;
warum auch nicht?
Du stehst ihm doch so nah!
Erblickt in dir den oft gepriesenen „Stern",
und um es zu ergötzen bist du da.

Man liebt nun einmal, was da glänzt und gleißt
steht ferner hier als sonst dem Schöpfergeist.
Des Komponisten, Dichters man gedenkt zuletzt
zumeist im tosenden Applaus;
der Mime wird vom Publikum umdrängt,
das ihm aus Blumen windet manchen Strauß.
Jedoch des Tages Herrlichkeit vergeht,
indes das Werk für alle Zeit besteht.

Ein Rezept berühmt zu werden

Kannst du Sensationen machen,
reizest du die Welt zum Lachen,
hältst du sie bei guten Launen,
wird man dich gar bald bestaunen.
Ei, dann nimm, was dir gefällt,
dir gehört die ganze Welt!

Kannst den Markt du überschreien,
wirkst mit Possen, Narreteien,
dann erwirbst du dir für immer
alle großen Publikümer.
Schließlich sind sie auch noch
froh um das leergedroschne Stroh.

Darum säume nicht zu prasseln,
such' mit Flöten, Schellen, Rasseln,
sonst'gen Mitteln ohn' Bedenken
aller Aug' auf dich zu lenken. Dann,
mein Lieber, ohne Spaß,
gilst du bei den Menschen was!

Bescheidenheit ist eine Zier

Es gibt große Lampen, die imponieren möchten,
doch ist ihr Strahlenkranz nur klein und fahl.
Schier unbemerkt, so sie ihr Flämmchen löschten,
indessen reckt sich stolz ihr stattlicher Pfahl.

Und drüben auf einem ganz unscheinbaren Pfosten
sitzt ein bescheidenes Etvias, das kaum einer kennt,
und macht den Eindruck schier, als wollt' es gar verrosten,
doch überstrahlt's die andern alle, wenn es einmal brennt!

Es will doch nur dienen, niemals prahl'risch glänzen,
um sich verbreiten, zwecklich nur sein Licht.
Die andre mag mit Lorbeer sich bekränzen,
sie bleibt dabei doch nur ein armer Wicht.

Die Macht der Sonne

Der „Lange Ludwig" frei von Sorgen,
blickt heut, am hellen Sommermorgen,
wie immer hoch von seinem Stand,
weithin nach Griesheim übern „Sand".

Den Umstand muss man wohl beachten,
denn in der heißen Sonne schmachten,
ist wirklich kein Vergnügen mehr;
ich wüsste wohl, was schöner wär'!

Der „Grüne" da zu seinen Füßen,
der lange steht, den Dienst zu büßen,
wie's bei der Polizei so Brauch,
der weiß es, scheint mir, sicher auch.

Darauf bedacht, nicht zu ermatten,
sucht er des Monumentes Schatten,
wo er alsdann – was zwar nicht ziert –
den Sonnenstrahl nicht mehr passiert!

Jedoch die Sonne schreitet weiter
und rückt auch ihren Scharten, leider,
sodass der Brave halb die Rund'
vollendet in der Abendstund'.

Der wahren Freundschaft Segen

Suche, du wirst immer finden,
was gleich deiner Lebensart!
Schmerz und Sorgen zu verwinden
ist oft leicht, wenn sich verbünden die,
die Treue sich bewahrt.

Stehst du in der Welt beiseite,
achtet keiner deiner Not,
liegt sie selbst doch stets im Streite,
in der Nähe, in der Weite geht's
ans Leben oder Tod.

Darum halte auch die Treue
deinem Freunde immerdar,
der auch dir gelobt auf's neue
fortan selbstlos, ohne Reue,
treue Freundschaft schlicht und wahr.

Wer wird nicht den Wert erkennen
treuer Brüder Einigkeit,
die da nimmer sind zu trennen –
selbst wenn Erde und Himmel brennen –
standhaft über Raum und Zeit!

Was wir wissen

Du weißt es und ich weiß es
und wir beide wissen nichts.
Was wir wissen?
ich sag's beflissen,
ist ein trüber Schein des Lichts.

Die Weisheit und die Klugheit
und der edlen Menschen Tun –
was erstreben sie je im Leben,
würden sie nicht klüger ruhn!

Was sind die Resultate
des ird'schen Geistesspiels?
Mag es lohnen mit ird'schen Drohnen,
trotz des reinsten Mitgefühls?

Leben braucht Freizeit

In unseren Tagen hört man oft klagen:
Ich finde keine Zeit zur Rast!
Wer da mocht' säumen und müßig träumen,
hat seine Chancen oft verpasst.

Zuviel Geschäfte verzehren die Kräfte,
die nicht ersetzt das beste Mal.
Weh', wenn der Handel im Erdenwandel
des Menschen einzig Ideal!

Es hat zwei Seiten zu allen Zeiten
ein jedes Ding hat Schatten und Lich;
doch – unumstritten – in goldner Mitten
ersprießt des Seins bemessene Pflicht.

Die Zeit ist Beute der klugen Leute.
Und lebt der arme Mensch vom Brot allein,
vom Streben, ohn' Zeit zum Leben –
ist er nicht eigentlich schon tot?

Fortschritt

Es bracht so manche Freude, die liebe neue Zeit,
doch viel verlor das Heute mit der Vergangenheit.
Heut' tönt des Zuges Glocke all hier mit ernstem Ton,
wo einst auf seinem Bocke sanft blies der Postillion.
Nun geht's mit flücht'ger Schnelle und Rattern durch das Land,
es reißen Sturm und Weile uns fort mit rauher Hand.
Die Zeit, ach, die moderne, sie lässt uns keine Ruh',
sie treibt uns in die Ferne: Nur zu! Nur immer zu!
Wie gingen einst die Tage beschaulich, friedlich hin!
man führte keine Klage um mehr, noch mehr Gewinn.

Tat man da eine Reise, man ging, man blieb, man fuhr,
vernahm manch süße Weise inmitten der Natur.
Die Rosse ruhig schritten am Wagen brav voran,
es war, als ob wir glitten die sanfte Höh' hinan.
Und Muße hat gefunden man reichlich auf der Fahrt,
Manch Sträußlein da gebunden von Blümlein lieb und zart.
Wie köstlich tat erquicken am Wegeshang der Quell,
manch Vogellied beglücken, die Bächlein klar und hell.
Da hat sein Lied geblasen auch er, der Postillion,
bis droben, als wir saßen es ging im Trab davon .

Da flogen Wies' und Felder im Sonnengold vorbei,
und durch die grünen Wälder klang frohe Melodei.
So ging es durch die Lande, durch Täler über Höhen,
wo Herz und Sinne bannte die Welt, so schön, so schön!
Nun liegt sie weit, weit draußen, fern, abseits, die Natur.
Heut' geht's dahin mit Brausen die Asphalt-Eisenspur.

Die Maschine

Was stehst du da mit finstrer Mine, und tust,
als wärst du schon verloren? Als sei der Mensch,
dank der Maschine, zur Arbeit etwa nicht geboren!

Wenn sie zuweilen auch genommen so manchem
gar das Brot zum Leben, hat dennoch sie zu
Nutz- und Frommen, ein guter Genius uns gegeben.

Ein Teufelswerk ist die Maschine,
so sie nur Nutzen bringt dem Einen:
Dass sie der ganzen Menschheit diene,
will mir ein göttlich Walten scheinen!

Gegensätze

Dumpf fällt der Hammer, das glühende Eisen knirscht und Funken sprühen im Bogen in Schurzfell sehniger Gestalten. Das Rattern der Räder und Riemen erfüllt den drückend heißen Raum. Braune Gesellen mit schwieligen Händen und schweißiger Stirn, gebeugt unter der Last, tauchen in flüssigen Erzes feurigen Schein. Ächzend stampfen Maschinen, kreischend, knarrend dreht der Kran seinen mächtigen Arm; schnurrender Räder eintönige Weise, im Hartgang helle und dunkle Schläge, ergänzen metallisch den brausenden Chor. Inmitten steht stumm der entnervte Mensch. Und drunten vor Ort, in der Erde Schoß, ringt um sein tägliches Brot der brave Bergmann in Not und Gefahr; er fördert die Kohle, was wenig geachtet, und legt den Grundstein zur Industrie.

Gedenkst du in deines Daseins Freude, zu der dich das Schiff über das Weltmeer trägt und hundert andre Dinge behaglich dir die Zeit verkürzen, des ernsten Mannes, der gleichfalls ums Brot sich das Gehirn zermürbt?

Ach, ohne diese wärst du weit entfernt von deinen unentbehrlichen Genüssen! – Auf Grund der durch deine Schlauheit geglückten Spekulationen glaubst du zu sein der Herr, der Anspruch macht, seines Palastes wegen, seiner stampfenden Maschinen willen geehrt zu werden und stößt den Künstler, der zuletzt malerisch deinen Salon geschmückt, aus deinem Eigentum, um das du dich mit prahlerischem Stolz von deinen Freunden bewundern lässt!

Die Räder summen ihre Weise, der Brave tut gern seine Pflicht; die Welt verliert das Gleichgewicht, so er dich Freund und Bruder heiße.

Der verliebte Schneider

Das Feuer glimmt, der Ofen knurrt,
das Rädchen flink sich dreht und
schnurrt an meiner Nähmaschine.
Bei Regen oder Sonnenschein
sitz' ich im Stübchen gern allein
und denk' an dich, Hermine.

Sooft mich auch die Nadel sticht.
die Wunde brennt, das stört mich nicht,
ertrag's mit froher Miene.
Ich fädle ein und näh' und näh',
da schwindet all mein Leid und Weh,
denk' ich an dich, Hermine.

Und kommen Kunden früh und spät,
wenn ich die Fräcke' zu eng genäht,
und fordern teure Sühne;
ich nähm' sie alle still in Kauf,
und lass' den Dingen ihren Lauf,
denk' nur an dich, Hermine!

Der Uhrmacher und sein Lehrling

Was tickt und tackt gar wunderlich
und seltsam von den Wänden,
hier dumpf und träg, dort hell und frisch,
die Stunden zu verschwenden?
Die Meisterwerkstatt kündet's bald,
folgt unser Ohr den Spuren;
da lebt's, da klingt's, es dröhnt und schallt,
ein Babylon der Uhren.

Da wirkt der Meister emsig schon,
die Lupe fest im Auge,
zu forschen um der Mühe Lohn,
auch dass die Uhr was tauge.
In Ernst und Selbstbewusstsein sitzt
er hoch am lichten Fenster;
der Lehrling scheu in Ängsten schwitzt,
als plagten ihn Gespenster.
Denn selten galt des Lehrlings Tat
wie das so ist im Leben
als würdig auf der Tugend Pfad,
oft mangelhaft im Streben.

Der Meister drum ihn fühlen ließ'
den Unterschied des Ranges;
der Lehrling auf die Lippen biss –
im Herzen aber klang es:
Was, Meister, du mir auch voraus, –
soll ich dich drum beneiden?
ist ein Geschäft, ein schönes Haus,
ich will mich gern bescheiden.

Denn statt zwei Brillen auf der Nase',
die deine Müh' erschweren,
macht mir mit bloßem Auge Spaß,
selbst Lupe zu entbehren.
Mein scharfer Blick und sichre – Hand
lässt noch manch Werk vollbringen,
dass einst zur Ehre unsrem Stand
manch' Ührlein mag erklingen!

Strauchelnde Gerechtigkeit

Du Inbegriff, du höchstes Gut,
du Kleinod jeder Menschenseele,
du schürt des Herzens heiße Glut,
dringst freudig aus des Frommen Kehle.

Doch leider droht des Bösen Macht,
die immer mehr und mehr sich weitet,
die lautlos, herrlich Tag und Nacht,
oft siegreich durch die Lande schreitet.

Und so begegnest du hinfort
all überall des Teufels Tücke,
wo du dich glaubst in sicherem Port,
er schlägt sie oft in tausend Stücke.

O Himmelstochter, schöne Mär,
die Menschheit bringt dir ew'ge Schande!
Käm nur ein Gott von ungefähr
und löste dieses Teufels Bande!

Gerechtigkeit du trautes Wort!
Du rührst so wundervoll die Herzen,
als strahlten am geweihten Ort
vom Lichterbaum die Weihnachtskerzen.

Weit abseits steht das Christentum,
als säh's die böse Welt vollkommen!
Ist es ohnmächtig oder stumm,
vom frommen Glauben eingenommen?

An das Gros des Alltags

Wie alles doch im unendlichen Raume beharrlich drängt nach ewiger Harmonie, die Welt sich zum Vollkommenen rundet: Erhaben unsres menschlichen Erfassens die Gottheit waltet unbeirrbar, weise!

Und doch, wie sanfter Flügelschlag von ferne her, ein göttlich Wehen empfindet ahnungsvoll das Menschenherz, der menschliche Geist! Nicht aller Menschen Herzen – leider empfindsam sich öffnen dem göttlichen Schonen, verstockt so manches gar sich ihm verschließt! Unwissend zwar, zu frönen dem Gemeinen, stürzt dieser Mensch und jener sich zur Tiefe der Leidenschaften, als des Übels gift'ge Quelle, verliert sich im Strudel voll niedrigen Dranges, jagt frevelnd nach Beute mit hungriger Gier.

Doch über ihm fluten azurne Wogen, des sonnigen Himmels ätherische Flut, es lächeln ihm lieblich die blumigen Felder, der ragenden Firnen abendlich glühn.

Darüber sich breiten die ewigen Sterne, mit Ehrfurcht erfüllend den irdischen Wandrer. Und ringsumher haucht Friede die Natur – ein Schauer leise bebt durch seine Seele.

Vorüber zieht schweigend der Strom der Zeit, schließt lind des Kämpfers blutende Wunde.
Doch wehe dem, der da im Drange des Jagens zu spät erkennt den trügerischen Schein, vermeintlichen Glückes traurige Leere!, Empfängt doch nur dieser die herrlichen Gaben, des offne Herz der göttliche Odem durchweht, des Geist sich seine eigne Welt gegründet!

Menschliches Denkgehäuse

Braucht der Mensch seines Schädels Hülle
damit er sie mit Gedankengut fülle?
Und was soll aus ihm am Ende werden,
wenn man ihn versenkt in die dunklen Erden?
Darin zu schlummern in ewiger Nacht.
Man wird erwidern: Der lebendige Geist,
der große, schaffende auf zum Himmel weist
als treuer Diener im göttlichen Dienst,
der leidenden Menschheit zu ewigem Gewinnst?
Miriaden Geister kamen und sind vergangen –
war mit ihnen nichts anzufangen?
Es möge klingen wie eine Mär:
Wie stünd' die Welt, wenn der Herrgott nicht wär'?

Die Sorge

Die Sorge ist vergleichbar mit der Mücke,
die aus dem Dunkeln sich dir dräuend naht,
aufdringlich stets mit unheimlicher Tücke
stürmt sie einher auf unbekanntem Pfad.

Wenn müde du nach deines Tages Lasten
auf deinem Lager Schlaf und Ruhe suchst,
quält, lüstern sie dich Armen ohne rasten,
ob du dich auch dagegen wehrst und fluchst.

Strebt hemmungslos ihr Opfer zu erreichen
sie trifft den Nerv, mischt Blut und Gift dazu,
trotz Weh und Ach – sie wird nicht von dir weichen,
summt dir ihr Lied und schmälert Schlaf und Ruh.

Der Blinde

In tiefer Nacht liegt, meine Welt,
wie bitter ist mein Erdenlos!
Warum mich Gott hineingestellt
in dieses Leben, freudenlos?

Schon in der Wiege mich umwob
der schwarze Flor der Finsternis;
warum man einst mich nicht enthob'
vom Leben, das nur Leid verhieß?

Warum muss ich im Dunkeln stehn?
Mein Herz erstirbt in dieser Zelle!
Die Menschen kalt vorübergehen,
vorüber rauscht des Lebens Welle.

Muß tastend, forschen mit den Sinnen,
da Wald und Wiesen, duft'ge Au'n,
des Morgens Röte, Bergesszinnen
darf nie und Nimmermehr ich schau'n.

Ihr lieben Eltern, Schwestern, Brüder,
ach teure, liebe Heimat du!
wie sehr drückt mich die, Sehnsucht nieder
nach ewig stiller Grabesruh'!

Weil doch in diesem Erdenleben
euch nie' zu schauen mir beschieden,
mög' Gott mir seine Gnade geben,
und einen ewigen Himmelschreienden!

Unter Geistern

Geist von Bethlehem.
Ein Stern ist flammend aufgegangen,
als düster war die Nacht gehangen
auf dieser dunklen Erde,
die Menschen zu bewahren
vor bösen Sünden und Gefahren,
vor Trübsal und Beschwerde;
da ward in Gottes neuem Reich
von ihm durchdrungen alles Fleisch,
und esent qual, da dies geschah,
den Herzen all Halleluja.
So strahlt noch heut von Bethlehem
des Himmels ehern Diadem.
Den Menschen zum Frommen, zum Heil erkoren,
ist ihnen der Heiland, der Retter geboren.

Geist von Bethlehem

So hast du die Menschen falsch beraten,
verhüllest du ihnen die Wundertaten,
die Gott vollbracht durch seinen Sohn,
durch den er zu ihnen zur Welt gekommen,
den Menschen zum Heil, zu Nutz- und Frommen,
dass ihnen werd' des Himmels Lohn!
Dann sprachst du da von einer Mär.
Ich wüsste nicht was heut noch wär,
wenn Gott nicht seinen Sohn gesandt,
der von den Toten auferstand,
nachdem er für die Menschen war gestorben,
die ewiges Leben nur durch ihn erworben!
Ist also nicht das Christuskind im Stalle
ein seligmachendes Geschenk für alle?

Zeitgeist

Die Kunde hab ich oft schon vernommen,
die längst in alle Welt ist gekommen;
auch seh ich noch leuchten jenen Stern,
der ewig gleich dieser Erde fern
in endloser Tiefe des Raumes schimmert.
Erkenne, wie stets man am Werke zimmert,
die Krippe von Jahr zu Jahr zu erneuern,
die Saat dieser Mär den Menschen zu streuen.
Sie breitet sich mählich, vom Priester geweiht,
und keimt und wächst und blüht und gedeiht;
verlockend und lieblich, die Ernte so nah:
„Der Herr ist gekommen, der Friede ist da!"
So schallt es auch heute von Munde zu Mund,
indes führt der Teufel das Zepter zur Stund,
ergötzt sich am Taumel des Menschen, dem Tor,
der strauchelnd im Irrlicht den Glauben verlor.

Der Weltraumforscher

Zu des Weltraums fernsten Räumen schwingt
sein Geist sich auf in Träumen, zu entdecken
das Geheimnis, das gar dunkel vor ihm liegt:
Ob da draußen herrscht die Finsternis,
eine Welt sich dort im Schlummer wiegt,
dort auch Strom und Meere schäumen?

Ob in jener Weltenferne
glühen auch noch goldene Sterne,
in der weiten Runde so wie hier?
Monde kreisen sonderbar,
welche auch die Nacht erhellen schier?
Oder auch verlassen, kahl?
– Alles möcht' ich wissen gerne! –

Ob auch dort die Gottheit waltet,
oder Luzifer gestaltet
neue Weltenformen in Feuersglut?
Stellt er erst Kulissen auf,
zu verbergen seinen Übermut?
Trägt die Sonnen er zuhauf,
die da allesamt erkaltet?"

Weit des Forschers Geist mag schweifen –
doch wer wird die Welt begreifen?
Und was mag dahintersteh'n:
Weltenferne, grenzenlos.
Sonnen werden und vergeh'n,
ob sie klein, ob riesengroß,
keine wird am Rande streifen!

Hier erlahmt des Menschen Wille,
sein Verstand steht plötzlich stille
und versinkt in düstre Nacht.
Forscherwahn wird hier zum Fluch:
Ahnungslos und unbedacht
hüllt ihn ein sein Leichentuch –
samt des Schädels geistiger Fülle!

Zum Sonnen Untergang

Gar kühne Gedanken
hinauf zum Himmel ranken:
wie wird das Leben dereinst enden,
wenn nach Millionen, Milliarden Jahren vielleicht,
die Himmel kein Licht, keinen Regen mehr spenden?

Die Erde steht nicht stille;
doch ist's des Schöpfers Wille,
dass alles muss einmal vergehen,
was einen Anfang genommen zu seiner Zeit –
nichts in der Welt kann auf ewig bestehen.

Die weißglühende Sonne schuf einst Leben und Wonne.
Nun muss sie eine gelbe werden.
Sie muss vergehen, ihre Strahlenkraft versprüh'n,
zu aller Untergang hier auf Erden.

Die Meere versiegen kein Wölkchen mehr wird fliegen
ein durstig Pflänzchen noch zu tränken.
Denn einer roten Sonne erloschener Schein
wird alles Leben in die Kräfte senken!

In himmlischen Höhen
nur ewige Sternlein steh, die dann den Erdball fahl erhellen.
Bis dahin ist auch der Mond längst gegangen zur Ruh`
und Geister huschen über Gräberschwellen.

Irdische Sterne

Sterne leuchten aus irdischem Schoße,
und überstrahlen den Erdenraum,
gleich dem Veilchen im weichen Moose,
unscheinbar und beachtet kaum.

Doch durchdringen sie Seelen und Herzen,
während fortan Sinn und Verstand
lechzender Menschheit in Leid und Schmerzen,
auf weitem Meer, in Stadt und Land.

Öd liegt rings die Welt im Dämmerscheine,
wenn ihre Strahlen sie nicht erreicht,
denn dieser Geistesfunke ist's alleine,
der jenem Himmelswunder gleicht.

Erhabener noch als jene Sternenheere,
in funkelnd hellem Angesicht;
dem großen Geistesfürst gebührt die Ehre,
der gleichgestellt dem Sonnenlicht!

Das Begehrenswerteste

Zufriedenheit ist höchstes Gut. Dies mag vielleicht ein König auch besitzen und schließlich auch ein Millionär.

Die meisten aber – glaube ich, tauschten gern ihr Gold die Kronen ein, um jenes Gut Zufriedenheit ihr Lebtag zu besitzen!

Wenn diese nun gar teilbar wäre, dann müsste man die Krone, die Millionen von den Straßen fegen, die nie und nimmer Inbegriff des größten Reichtums – der Zufriedenheit!

Jeder wird dich deiner Werke ehren, dankbar sein, erst recht dich dann verstehn! Diener mochte jedes Volk begehren, deren beste aber selbst erhöhn!

Mensch und Werk

Es kommt meines Erachtens der Öffentlichkeit gar nicht so sehr darauf an zu wissen, wer der Urheber, der Schöpfer einer bedeutenden Sache ist oder war, als auf das Werk selbst, so es fruchtet und dem Wohle der Menschheit dient, also lediglich an den Beitrag zur Freude und zum Glück, zur Aufwärtsentwicklung und schließlich zum Segen der menschlichen Gesellschaft.

Es soll sich aber jeder der Großen, die Hervorragendes geleistet haben, bewusst bleiben, dass er sich als Mensch – bei aller

Anerkennung seiner Leistung – durch zur Schau tragende etwaige Eitelkeit nur verkleinert und seinem Namen einen unangenehmen Beigeschmack verleiht.

Adelheids Pegasus

„Wie schön ist doch das Reimen!" denkt Fräulein Adelheid
und fühlt im Busen keimen der Verslein zartes Kleid.

In seinem Köpfchen tanzen die Silben um und um
und weben sich, zum Ganzen mit kum, tum, sum, rum, bum.

So geht es lustig weiter in Versen mancherlei;
doch auch nicht ohne leider die Reime Schreiberei.

Genau wird, abgewogen der Zeilen Silbenmaß,
um sie auf reinem Bogen zu bringen unter Glas.

In Reimen wohlgemessen also manch Verlör
lacht doch nie hat es indessen der Worte Sinn bedacht.

Weh dir, du ungebundener, vermessener Ikarus,
o mitleidlos geschundener zerzauster Pegasus!

Natur und Malerei

Hat etwa die erhabene Kunst
Natur und ihrer Schönheit vorgegriffen
und schließlich in der Menschen Gunst
nun diese überlegen ausgepfiffen?

Sieht man nicht oft an manchem Ort,
wo man – mit Recht wohl auch – die Kunst bewundert.

Doch einer von den Hundert nur,
die achtlos an der Welt vorübergehen,
sieht offnen Auges die Natur
und bleibt voll Ehrfurcht und Bewunderung stehen'.

Sie ist die wahre Meisterin,
wird leider nur von wenigen „verstanden",
drum zieht die meisten zu sich hin
bequem Kopistenwerk von Dilettanten.

Bist herrlich auferstanden du schönes Gotteshaus:
es hob aus Nacht und Banden ein Wille dich heraus.

Ein Genius hieß dich werden durch wunderbare Kraft,
wie immer hier auf Erden der Glaube Wunder schafft.

Der liebe Herrgott schaute vom Himmel gnädig drein;
Er war es; der da baute und fügte Stein auf Stein.

Ihn wollen wir drum preisen,
und auf sein Wort bedacht
stets dankbar uns erweisen,
so nun das Werk vollbracht.

In einer modernen Kunstausstellung

Ein Bild mit vielen Farbentönen deckt kühnlich eine große Wand; möcht' gerne mich mit ihm versöhnen, doch fehlt mir leider der Verstand.

Ich suche willig zu verstehen – du lieber Himmel steh mir bei! Da hilft kein Sinnen und kein Flehen, mir ist, als bräch' mein Herz entzwei.

Da kommt ein Herr – ich muss erröten, der ahnt wohl meine Seelenqual und auch mein Herz in argen Nöten geschritten durch den großen Saal.

„Verzeihung wenn ich Sie hier störe, ich fürcht Sie tragen tiefes Leid! – Drum bin ich, Sie bei meiner Ehre hinauszuführen gern bereit."

„Ich danke sehr für Ihre Güte! – Möchte gern entfliehen diesem Ort, der sehr erschüttert mein Gemüt um ihn zu meiden immerfort.

Ich hofft' Erbauung hier zu finden, wollt laben mich an großer Kunst, nun wird mir schwer, zu überwinden des sogenannten Glückes Gunst.

„Es sei gesagt, dass diese Räume nicht gar bestimmt für jedermann nur, großer Künstler, Sphärenträume sich hier entzünden dann und wann!"

Entgleisung

Mein neuestes Gedicht:
Ich leiste Verzicht
auf Sinn und Verstand.
Wozu denn auch das?
Ein leeres Glas,
ein Reich ohne Land.

Verzichte gern.
Ich bin ja modern!
Ohn' Nadel und Zwirn –
wie angenehm
und gar bequem –
und ohne Gehirn!

Mit gutem Geschick
Kampf gegen Kritik.
Ich sag' es frei:
Ein tieferer Sinn
liegt nicht darin –
Vielleicht Narretei!

Schicksal

„Bin ich zu früh, zu spät geboren?"
wird mancher sich fragen im Stillen.
Denn selbst auch beim eifrigsten
Willen nimmt ihn das Schicksal bei den Ohren.

Was er auch anfasst mag nie gelingen,
es kreuzt das Pech stets seine Wege,
kein stilles Heim, kein Schutzgehege –
da scheint das Herz ihm zu zerspringen.

Manch andrer aber auf seine Weise
trägt leicht sich auf heiteren Schwingen,
hinauf zu Erfolg und Gelingen
und Glück auf seiner irdischen Reise.

So fast das Schicksal den, so den andern,
nach zweierlei Maßen bemessen:
auf Gott oder Teufel versessen,
ganz gleich, welche Pfade sie wandern?

Irdisches Schicksal

Es zucken die Blitze mit feurigem Strahl und die Donner rollen durchs friedliche Tal, die Felsen barsten an hoher Wand und wild rauschen die Bäche durchs Land.

Hirten und Herden suchen schützenden Ort: Die Hütten riss der Sturm mit sich fort. Ob nicht der Höllenfürst darüber thront, der weder Mensch noch Tier verschont?

Von Furcht und Schrecken ist die Menschheit erfüllt, es toben die Elemente gar rauh und wild – und das Schicksal nimmt seinen Lauf auf unserer Erde landab, landauf.

Dafür schickt uns der Himmel auch wieder Sonnenschein, und wie schön wird dann wieder unsere Erde sein, wenn die Himmel grüßen in sonniger Pracht und freundlich funkelt die Sternennacht!

Der Herrgott hat, als Schöpfer, diese Welt mit allem, was darinnen ist, gar wohl bestellt. Er legte Freud' und Leid in die Menschenbrust und Angst und Sorgen, Not und Lust.

So schuf er Berge, Täler, Land und Meer, gab jeder Kreatur auch Schutz und Wehr, so sie Gefahr zum Kampf ums Leben zwingt, zu allem, was des Lebens Sein bedingt.

Gott lässt dem Wetter, Donner, Blitzen freien Lauf, lenkt die Geschicke aller Menschen ab und auf, er führt durch Seelenangst, durch Leid und Not, gibt zur Erlösung, wenn es sein muss auch den Tod.

Das Schicksal liegt in Gottes Hand

Da draußen hehr die Gottheit waltet, die deinen Plan in Stücke spaltet, obgleich von edlem Geist durchdacht, schier göttlich – scheinbar – aufgemacht. Du hast sie eitel ausgeschaltet, die über allen Welten wacht!

Mein Freund, du darfst nicht überhören die Stimme aus den Himmelssphären, es sei auf eigene Gefahr! Es sei bewusst dir, allzeit klar: das Schicksal lässt sich nicht betören – was göttlich ist, bleibt ewig wahr!

In tiefstem Ernste, heißem Wollen dich mag die Urkraft überrollen, drum sei, mein Lieber, auf der Hut: das Überspannen ist nicht gut! Du sollst Respekt dem Höchsten zollen, und, wenn es sein muss Gut und Blut.

Ein jeder soll nach seinen Kräften das Beste tun vor dem Gerechten: Doch nie zu stolz und eitel sein; du bist ein Mensch nur, ach so klein! Dein Schicksal möge sich zerflechten – und schnell verblasst dein Glorienschein.

Resignation

Der Himmel grau behangen,
die Bäume kahl und leer:
ein Sehnen und ein Bangen
mein Herz bedrücken sehr.

Ich weiß nicht, was hinieden
hinfür der werden mag,
ob nimmer mir der Frieden
besonnt den neuen Tag.

In Ängsten und in Zagen
ward endlos mir die Nacht,
die unter Weh und Klagen
ich sorgenvoll durchwacht.

Ich kann es nimmer fassen
mir keiner Schuld bewusst
warum schlägt so verlassen
das Herz in meiner Brust?

Du lieber Gott im Himmel,
kannst du mich überseh'n,
führst du durchs Weltgetümmel
auch mich zu lichten Höh'n?

Ich kann allein nicht tragen
das schwere Herzeleid,
bin – allem zu entsagen –
zu sterben drum bereit!

Des Gefangenen Sehnsucht

Was hält mich gefangen in Enge und Nacht,
indes lenzlich Prangen im Sonnenschein lacht?

Es will blaue Ferne mein Auge erspäh'n,
die goldenen Sterne in himmlischen Höh'n.

Möcht' träumerisch lauschen dem rieselnden Quell,
dem Singen und Rauschen, ein freier Gesell.

Möcht' wanderfroh schreiten durchs blühende Land,
des Freuden und Leiden mein Herz sich verband.

O Land voller Wonne, voll Wärme und Licht!
Das Herz ohne Sonne im Busen mir bricht.

Drum mög' es erheben ein gnädig' Geschick,
denn Sonne ist Leben und Freiheit ist Glück!

Heimatlos

Ein Mensch, der Elternliebe nie gekannt, der ohne Vaterhaus, den sichern Port, zieht ohne Wanderstab ins ferne Land, irrt fremd und ruhelos von Ort zu Ort.

Treibt wie ein Schiff, das ohne Steuermann sich wagt hinaus aufs wild bewegte Meer, und wenn das Glück er nicht zum Freund gewann, erreicht er Land und Hafen nimmermehr.

Ihn treibts und drängt's nach unbekanntem Ziel; sein Herz verlangt, gleich andern, jenes Gut als höchstes Glück, das seinem Gott gefiel, und Sehnsuchtsschmerz nährt seiner Seele Glut.

Doch sucht vergebens er dies Paradies, so er die ganze Welt durchforschen mag, die ihm nur Leid und Einsamkeit verhieß vom ersten bis zum letzten Erdentag.

Sein Schifflein schwankt im Sturm der Lebensflut – es sinkt umschäumt in ihren dunklen Schoß – und keiner kennt den Fremden, der da ruht; er liegt auch hier verlassen, heimatlos.

Ein kindlich Herz fürs Kinderherz

Willst du dem Kinde Freude schenken, musst dich in seine Seel' versenken, erkennen wieder, was einst tief, in deiner Kinderseele schlief.

Es wird ihm bald zum Segen reifen, verstehst du richtig dann zu greifen des Kinderherzens Saiten zart, wo Sonnenschein und Glück sich paart.

An seinem Himmel sich erheben ein Leitgestirn fürs ganze Leben; es wird in dessen goldnem Schein zeitlebens dir auch dankbar sein!

Sein bester Freund

Ein Jüngling, schreitet er durchs Tor
noch in des Lebens späten Tagen,
weil ihm sein bester Freund Humor
die Sorgen aus dem Feld geschlagen.

Die Sympathie, so gut es ging,
mit diesem Freund nicht zu verscherzen,
den nie er achtete gering,
lag ihm zeitlebens sehr am Herzen.

Denn immer brachte Sonnenschein Humor
ins Haus und beste Labe, und reichste Schätze
mit hinein: ein Königreich wär' kleine Gabe.

So mög' ihn führen der Humor
bis an sein selig Lebensende
und lächelnd an des Himmels Tor
Sankt Petrus reicht ihm froh die Hände.

Die Rose

Du liebliche Rose, du schönste der Blumen, dein feuriges Kleid, es duftet so mild, die buhlenden Lüfte dich sanft umkosen! Von vielen wirst du am meisten begehrt, weil gar zu lieblich dein Bild erscheint; wirst auch von manchem Schmetterling umschwärmt.

Erhaben und stolz blickst du auf andere herab, die unscheinbar und bescheiden im Grase blühen, wie viel Vorzüge hast du gegen diese! Doch eins gibt mir zu denken, liebe Rose – wie leicht verfangen Sturm und Wetter sich in dir, die wild zerzausen deine losen Blätter!

Wie wohlgeborgen ruht das Veilchen im Moos und blüht dort bescheiden in lichtem Kleid, gar wenig beachtet, doch gleich wie du vom Himmel bedacht.

Heute noch blühst du, du Schönste von allen, morgen, bedenke, ist alles vorbei: Schönheit und Duft, Freude und Lust!

Gottesgeschenk

Wer hat die Sterne über uns hingestreut, zu geben dein Himmel seine Pracht, die oft des Menschen Herz erfreut, die Pfade weist in dunkler Nacht?

Wenn draußen fern an einem andern Ort der gute Mond tut seine Pflicht, damit dem Erdensohn hinfort es nie an Helligkeit gebricht.

So sehr behütet uns der liebe Gott, dass uns geschehen mag kein Leid, zu führen uns durch Nacht und Not, so heute wie zu aller Zeit.

Nun frage ich: Wird allen es bewusst, dass eine Gnadenhand sie lenkt und führt durch ird'sche Nacht und Wust, zu ew'gem Glück den Himmel schenkt?

Des Jünglings Fernweh

Warum soll ich schmachtend geh'n in der Heimat Enge:
von den fernen Bergen weh'n Himmels Lobgesänge.

Drum will wandern ich noch heut' über Tal und Höhen,
da mein junges Herz voll will die Welt besehen.

Und so wand'r ich froh und frei durch die fremde Straßen.
Wo ich lande? Einerlei! Gar im grünen Rasen!

So wie es der Herrgott will zieh' ich weit und weiter,
füge' mich in mein Schicksal still, lebensfroh und heiter.

Unter weitem Himmelsdom lockt die blaue Ferne,
bis nach Budapest, nach Rom leuchten meine Sterne.

Wandern, wandern wohlgemut durch die weiten Lande.
Hei, wie lockt das junge Blut all das Unbekannte!

Weis ich doch, ich bin noch jung, jeder Tag schnell endet:
bleibt nur die Erinnerung die kein Schicksal wendet!

Der göttliche Strahl

Sonnenschein, du göttlicher Strahl,
steigst herab zu uns ins Tal,
bringst uns reichen Segen.
Blumenduft und Morgentau;
du erquickst die grüne Au,
Herzen allerwegen!

Sonnenschein, du himmlische Gab,
gibst uns allen Fremd' und Lab',
Seligkeit und Wonne.
Du verdrängst die kalte Nacht –
drum schickt uns mit Himmelsmacht
dich, die liebe Sonne.

Möge erhalten Gottnatur
Mensch und alle Kreatur,
sorglich alle Zeiten,
und den Saaten auf dem Feld,
Blüht und Früchten aller Welt
Sonnenschein bereiten!

Mondzauber

Der Mond scheint fahl in die Gassen.
Die Häuser scheinen leer, verlassen,
die Fenster starren blind und bleich,
unheimlich wie ein Totenreich,
das alles Leben mag hassen.

Gespenstig schaut der Altgeselle
und macht die Nacht zur Tageshelle,
tut so, als sei er dran erbaut;
und drum mit Wohlgefallen
schaut in manche irdische Todeszelle.

Gottlob, ihm sieht auf die Finger
und hält ihn sorglich im Zwinger
der Herrgott, der ihn stets bewacht,
und weise lenkt bei Tag und Nacht
fortan den bösen Unheilbringer.

Gerechtigkeit auch zu üben,
gestehen wir, ihn doch zu lieben –
zwei Seiten hat ja jedes Ding –
wir schätzen ihn nicht gar gering,
so Freund er uns geblieben.

Er half uns auch in den Stunden,
als die Gefahr nicht überwunden,
und zeigte uns den rechten Weg,
da wir ansonst auf morschem
Steg den sichern Tod gefunden.

Unsere Himmelslichter

Der gute Mond am Himmelsbogen
kommt feierlich heraufgezogen,
denn eine Gottes Schöpferlaune
brach übermütig ihn vom Zaume,
dass er erfülle seine Pflicht,
so es gebricht an Sonnenlicht.

Wenn dann dazu die Sterne prächtig
hoch droben ziehen gar bedächtig,
wie Himmels-Illuminationen,
nun dort in Ewigkeit zu thronen,
dann dringt durch unsre Seele sacht
das Wunder einer heil'gen Nacht.

Wie nüchtern dann der Tag anmutet,
den unser Sonnenlicht durchflutet,
das zwar bedingt das ird'sche Leben,
in dem das Himmliche erstreben
wir Menschen auf dem Lebenspfad
mit frommem Sinn und edler Tat.

Wir wollen freuen uns an beiden
die Glück und Freud uns bereiten –
und danken, für die Himmelsgabe:
des Herzens und der Seele Labe,
für Sonnen-, Mond- und Sternenschein,
bei allen dreien glücklich sein!

Sternenpracht

Schon die lieben Sternlein steigen
funkelnd über Bergeshöh'n,
sagen uns bei ew'gem Schweigen:
wie ist doch die Welt so schön!

Schimmernd aus des Weltraums Tiefen
bringen sie des Schöpfers Gruß,
als ob sie um die Wetten liefen,
sie nach göttlichem Beschluss.

Sonne ging bereits schon schlafen,
und mit ihrem Silberglanz
schlingen freundlich uns die Braven
ein in ihren Strahlenkranz.

Allmacht, ew'ges Himmelswunder!
Wer kann dich begreifen gar,
steigt vom Himmel nicht herunter
unsres Schöpfers Engelschar.

Leider trügt uns sehr die Ferne,
die verfinstert unsern Blick,
nur des Weltalls goldne Sterne
strahlen uns zu Freud' und Glück.

In früher Abendstunde

Wie ist der Abend kühl und labend
und erquickend seine Lüfte,
die geschwängert süße Düfte,
ringsum Gottes Feierstille.

Nur in den Bäumen wohlig Träumen,
ein gar friedlich sanftes Knistern,
aus dem Grase heimlich Flüstern
und verborg'nes fernes Zirpen.

Der Abend dunkelt, scheu noch funkelt
nur ein Sternlein tief am Himmel,
und das laute Weltgetümmel
wie vor Ehrfurcht schon verstummte.

Himmliche Güte, Tagesmüde.
mag die Menschen heimwärts führen,
die in ihrer Brust verspüren –
dank der Gnade – heiligen Segen.

Weltuntergangssorgen

Die Felsen donnern jäh zu Tal,
Lawinen schickt der Sonne Strahl
und Fluten springen weit ins Land.
Hat denn der Teufel seine Hand
in diesem ird'schen Jammerspiel?
Ob dies der Gott der Schöpfung will?

Was soll durch der Vulkane Macht,
die ruhelos zürnen Tag und Nacht,
und steigen gar aus tiefem Meer?
Bis einst der Erdball hohl und leer
und ohne Wärme, ohne Licht
am Ende in sich zusammenbricht?

Ich weis, das kommt noch nicht so schnell,
noch scheint die Sonne klar und hell;
doch sollte es einmal so sein,
so hofft ich, dass ich nicht allein
mit Erdens Argen und Verdruss
mich bis zuletzt noch plagen muss!

Vor Gottes Angesicht

Friede und Glück
gib der Menschheit zurück,
Gott, für alle Zeiten!
Lenke das Geschick
mit friedlichem Blick
ab von Not und Leiden!

Zeig' uns den Pfad,
Gott, zur redlichen Tat,
Unrecht stets zu hassen.
Gib du uns Rat,
ehe es zu spät,
den Teufel zu fassen.

Banne den Feind,
der dich ewig verneint,
hasst des Nachbarn Frieden!
Nimmer ist ein Freund –
der's redlich meint –
mag er Rache brüten.

Herr, unser Gott,
lind're Elend und Not,
die der Mensch verschuldet.
Gnädiger Gott,
gib für den auch Brot,
dem, den du geduldet.
Jeder sei wert,
der dich fortan verehrt,
keiner auserlesen.
Denn wer nicht ehrt den göttlichen Herd,
wird nimmer genesen!

Macht des Glaubens

Meine Lieben, hört mir zu,
hab' euch viel zu sagen!
Möcht' indes nicht klagen,
wenn in trüben Tagen
flieht der Seele Ruh'.

Aber eins tut allen Not.
Fester steh'n im Hoffen
wer von Leid getroffen
sieht den Himmel offen,
fleht zum lieben Gott!

Nur von Ihm kommt Hilfe her,
seid, ihr stark im Glauben –
den euch nichts darf rauben –
denn in Gottes Lauben
prangen Früchte schwer.

Nie ein Mensch kann Helfer sein,
quälen Leid und Schmerzen!
Zündet rings die Kerzen,
öffnet eure Herzen,
hofft auf Gott allein!

Hoffnung

Fühlst du dich an manchen Tagen
gar verlassen und allein,
musst du nicht gleich ängstlich zagen,
baldigst stellt ein Freund sich ein.

Und du wirst das Schicksal preisen,
das dir soviel Glück beschied –
und in kindlich frommen Weisen
singen Gott dein Dankeslied.

Drücken manchmal auch die Sorgen,
die dich quälen über Nacht:
hoffe, dass am nächsten Morgen
wieder dir die Sonne lacht!

Bleibe stark im Glauben.
Hoffen, dann bist nimmer du allein,
steht dir doch der Himmel offen,
Gott wird immer bei dir sein!

Zuversicht

Was hat das Leben mir noch zu geben?
hab' meine Pflicht doch längst getan!
Nach allem Streben
die Geister weben
die Bahn zu lichten himmelan.

Mit Gottvertrauen hoff' ich zu schauen
der ew'gen Heimat Wunderland,
wo ewiger Frieden von Gott beschieden
und jeder Himmelsruhe fand.

Seh' ich dann wieder
die ird'schen Brüder,
die mit mir teilten Freud und Leid,
und sangen Lieder – wie treu und bieder
wir da verbrachten unsre Zeit!

Will nicht verhüllen,
die irdischen Grillen,
dass es auch schön auf Erden war;
doch füg' im Stillen
nach Gottes Willen
ich mich bei früher Engelschar!

Trost im Glauben

Umbrausen auch die Stürme
gar wild dein menschlich Herz,
sind deine Lebenswege
von Leid erfüllt und Schmerz,
verliere dennoch nicht den Mut,
such' Trost in deines Gottes Hut!

Du kannst bei ihm nur finden –
im Glauben stark und treu,
was dir kein Mensch kann geben;
drum wende ohne Scheu,
dich gläubig zu dem Vater hin
mit edlem frohen Kindersinn.

Lass' nie in dir zerstören
des Glaubens Segensquell
dann wird zeitlebens leuchten
dir Gottes Sternlein hell,
du siehst in seinem Himmelslicht
stets deiner Gottheit Angesicht.

Drum sollst du nie verzagen –
wenn düstre Wolken geh'n
vor den Naturgewalten:
Von nah und fern, aus Himmelshöh'n,
in heil'ger Andacht, ew'ger Ruh
sieht Gott, dein Herr und Vater zu.

An der Hand des Vaters

Als ich an des Vaters Seite ging durch Wiese,
Wald und Feld, blaute uns die Himmelsweite –
ach wie schön lag da die Welt!

Jubilierend Lerchen sangen,
ungeseh'n, ihr Morgenlied,
Lenzesduft und Blütenprangen
uns der liebe Gott beschied.

Und der Erde reine Düfte
tranken wir mit süßer Lust,
während kühle Maienlüfte
schwellten unsre Menschenbrust.

Also ward uns reicher Segen
durch des Schöpfers Gnadenhand,
die sich breitet allerwegen
schützend übers weite Land.

Froh ich ging an Vaters Seite,
hör' noch seiner Sprache Laut –
und des Himmels blaue Weite
war uns beiden wohlvertraut.

So auch viele Jahr zerronnen,
blieb mir heimisch jeder Ort,
was ich einst als Kind gewonnen,
lebt im Herzen immerfort.

Und hinfort die Felder prangen,
denn die Welt ist ewig' jung!
Wenn der Lenz dahingegangen,
bleibt nur die Erinnerung.

Kindlicher Nachruf

Mein Vater, der von droben
herabschaut auf sein Gut,
das er dereinst erworben
bei Mühen, Sorg und Not
für mich und meiner Mutter Glück,
mag wunden Herzens trauern
und zürnen dem Geschick.

Er konnte nimmer ahnen
der Nachwelt Ränk' und Zwist,
dass jemals falscher Glaube
sein ehrlich Wollen kreuzt,
dass Fanatismus siegt
und religiösen Ränken
die Ethik unterliegt.

Nicht aus der Welt zu schaffen
scheint Ungerechtigkeit.
Selbst über den Altären
strahlt sie noch heuchlerisch –
bis an den Himmelsrand!
Gottlob, sie hat mein Vater
auf Erden nicht gekannt!

Einsicht

Überirdische Geister weben
rings um meine kleine Welt,
deren Fundamente beben
unter einem morschen Zelt.

Suche ihrer Herr zu werden,
bin ich schließlich auch noch wer!
Und mit menschlichen Gebärden
setze ich mich kühn zur Wehr.

Ach, ich fühl' die Kräfte schwinden
gar zu bald in Herz und Sinn,
so nicht schwer. ist zu begründen,
welch ein kleiner Geist ich bin.

Wollt' mich zwar nicht überheben;
doch ich sehe schließlich ein,
mir bewusst, bei allem Streben –
dass ich nur ein Mensch kann sein.

Wo ist deine Heimat?

Kommt das „süße Heimat" aus deiner Kehle,
oder dringt der Begriff dir durch die Seele –
wer kann ermessen dieses Glücksgefühl,
ist doch die Fremde, ach, so leer und kühl!

Bleibt die Erinnerung in dir lebendig
und auch das Heimweh in der Brust beständig,
dann trifft dich fortan auch der tiefste Schmerz,
wenn hie gestillt sein kann dein sehnend Herz.

Hat sich das Schicksal gegen dich verschworen,
und du die ird'sche Heimat hast verloren,
so dich auch rauh des Lebens Sturm umtost:
die Ewige Heimat bleibt dir letzter Trost.

Vertraue auf des Himmels Güte

Sternlein hell am Himmel prangen,
denn die Nacht kam schon gegangen,
während auch der Mond bedacht
hoch da droben-hält die Wacht,
der das brave schlummermüde
Kindlein treulich auch behüte.

Ach, wie ruht es sanft geborgen ohne
Kümmernis und Sorgen friedlich
wie im Paradies, das sein Engel ihm verhieß,
der mit Gottes ew'ger Gnade lenkt
auf fromme Lebenspfade.

Mög' auch fürder er begleiten seinen Schützling
und bereiten eine lichte freie Bahn,
die ihn führt zum Ziel hinan,
dass er froh und ohne Beschwerden
seine Pflicht erfüll' auf Erden.

Der Glocken Feierabendsegen

Wenn der Abendglocken Klänge
in uns heil'ge Feuer zünden,
ist's als wollten Lobgesänge
uns der Gottheit Näh' verkünden
und im Abenddämmerschein
laden uns zur Andacht ein.

Dringen frommen Menschenherzen
sie nicht tief durch Leib und Seele,
lindern sie nicht Leid und Schmerzen,
wenn ein Loblied aus der Kehle
und ein heißes Dankgebet
rühmt der Gottheit Majestät.

Möget fortan ihr erklingen
und der Menschen Herzen rühren,
weit durch alle Lande dringen,
dass sie Gottes Näh' verspüren,
sich des ew'gen Heils bewusst.
tief empfinden in der Brust!

Weihnachtswunsch

Weil sehr die Welt im Argen lag, Maria
einen Sohn gebar,
der einst durch weite Lande zog,
da ihn der Menschheit Fehl bewog,
dass Gottes Wort er ihr verkünd',
zu retten sie von ihrer Sünd'.

In Mördergruben kehrten um
die Menschen Gottes Heiligtum,
drum trieb mit Strenge er hinaus
sie all' aus seines Vaters Haus
und schalt mit gutem Hecht
und Fug der Pharisäer Lug und Trug.

O, möcht'st du wieder, großer Held,
noch heute kommen in die Welt,
da ihrem Gott die Christenheit
noch ferner als in jener Zeit:
empfang'n erneut als Gottes Sohn
den tausendfachen Sünderlohn!

An das neue Jahr

Auf leisen Sohlen schleicht das Jahr,
das alte, nun vorüber
und nimmt mit fort, was es gebar,
ob gut es, oder bös' es war,
ins Schattenreich hinüber.

O möge mir, der Tag, die Nacht,
die Stunde nie zerrinnen!
Wie viele habe ich durchwacht,
ohn' dass ich ernstlich dran gedacht,
die Zeit mir zu gewinnen!

So heute, während gestern,
noch die Uhr schien still zu stehen,
indes der Zeiger träge kroch,
denn ungeduldig, mocht' ich doch
mein Werk vollendet sehen!"

Drum, junges Jahr, nimm deinen Lauf,
da doch du gleichst den andern!
Wir wollen, zieht mit dir herauf
auch Sorg' und Müh' und Not zu Hauf,
dich frohen Muts durchwandern!

Im Vorfrühling

Schwere Wolken verhängen die Berge,
Wald und Felder stehen kahl –
ist ein böser Geist am Werke,
der sich in die Hütten stahl?

Durch die blinden Fensterscheiben
starren Augen kalt und leer,
während nasse Flocken treiben
auf und ab und hin und her.

Menschenlaute jäh verstummen
um der Hütte eng' Gemach
nur der rauhen Stürme Summen
rüttelt laut am Ziegeldach.

Einzig und allein das Hoffen
weckt der Menschen Lebenslust,
die vom Winter schwer betroffen
gläub'gen Herzens in der Brust!

Dies allein nur wirkt der Glaube
an des Schöpfers ew'ge Gnad',
dass kein Widersacher je ihm raube,
den von Ihm gewies'nen Pfad.

Zum Frühlingsanfang

Die Erde schwebt auf sich'rer Bahn
im Westen unsrer lieben Sonne,
und zeigt den jungen Frühling an
zu aller Lebensfreud' und Wonne.

Indessen um sich selber dreht
der Erdball, wandelt Tag' und Nächte,
denn nimmermehr er stille steht
im Rhythmus hehrer Mächte.

Bis er erreicht den tiefsten Stand
zur Sonnenwend' im Süden,
wo er gar heiß den Boden fand,
um baldigst zu ermüden.

Drum wendet er sich ab sogleich,
hin nach dem milderen Osten,
dem langersehnten Erntereich,
um dort die reife Frucht zu kosten.

So nimmt der Erdball seinen Lauf,
bedingt die ird'schen Jahreszeiten,
steigt bis ins Eisgefilde hinauf,
die Runde tapfer zu bestreiten.

Bis dann ein neuer Frühling blüht
zu allen Lebens süßer Wonne,
erheitert fortan jed' Gemüt
im Kreislauf um die liebe Sonne!

Des Lenzes früheste Boten

Badet in der Sonne Schein,
froh in frischer Lebensquelle,
die da köstlich, klar und rein,
sprießt an frühen Lenzes Schwelle

Wunderbar der Schöpfer schuf
die Natur und alles Leben,
das da willig seinem Ruf
folgt zu neuem Werden, Streben.

Und die Blümlein schau'n sich um
ängstlich noch in ihrem Kreise,
da noch alle Vöglein stumm
scheu studieren ihre Weisen.

Nur der Amselvater fromm
singt geschwätzig seine Lieder,
ruft mit lautestem Willkommen
früh am Morgen treu und bieder.

Da mit klaren Äugelein
schau'n der Knospen junge
Triebe dankbar auf im Sonnenschein,
aller Kreatur zuliebe!

Geheimnisvolles Walten

Rings um uns her ein Zauberreich,
geheimnisvolles Walten,
als wollte eine Welt sogleich
ein Freudenfest entfalten.

Zwar hüllt im Schlummer die Natur
noch viel verheißend Träumen,
wo zaghaft auch die Kreatur
verrät bedächt'ges Säumen.

Nur kurze Zeit noch, und es bricht
hervor zu neuem Leben
in goldner Sonne Tageslicht,
dem Himmel zuzustreben.

Dann grünt und blüht die neue Welt
im warmen Glanz der Sonne
und leuchtet unterm Himmelszelt
zu aller Freud' und Wonne.

Es atmet freier jede Brust,
erheitert froh zu Scherzen
und weckt zu neuem Leben Lust
in allen Menschenherzen.

Drum wollen danken wir hinfort
dem Schöpfer für die Güte,
dass unter seinem sichern Hort,
er diese Welt behüte!

Frühlingslüfte

Die Frühlingslüfte lispeln leise
des neuen Liedes alte Weise;
von Liebesglück und Wanderlust
und was noch sonst des Menschen Brust
in Sehnsucht, Freud' und Leid bewegt
und still sich in den Herzen regt.

Sie ziehn von einem Ort zum andern,
umkosen Berg und Wald beim Wandern;
springt wo ein frischer Quell hervor,
sie singen froh im muntern Chor
und spielen auf zum Blütentanz
auf grüner Au im Sonnenglanz.

Sie streicheln sanft Feld, Wies' und Heide,
und dankbar nicken Halm und Weide;
das Bächlein rieselt freudig schon,
manch' Vöglein ruft mit süßem Ton,
es freut sich alle Kreatur;
schwand doch des Winters letzte Spur.

Könnt' ich mit euch, ihr lauen Lüfte,
getragen wie des – Lenzes Düfte,
durchstreifen alle Wälder grün
und über Tal und Höhen ziehn,
wenn mir die Welt in Blütenpracht,
manch Herz und Mund entgegenlacht!

Die unsterblichen Maikäfer

Maikäfer summen wohlgemut
ihr Liedchen in der Dämmerstunde,
nicht ahnend, dass ihr junges Blut
gefährdet in der weiten Runde.

In einem Individuum
unzählige Generationen
tief in der Erde träg und stumm,
in dunkler Zelle wohnen.

Wer kennt wohl ihren Lebenszweck,
die heimlich seltsamen Gebärden?
 vier lange Jahre im Versteck,
wo sie sich wandeln, um zu werden?

Um endlich hier im Dämmerschein
das saft'ge Blattgrün zu genießen,
das in des Lenzes Sonne
rein Gott ihnen zugewiesen?

Wenn auch vom Menschen oft verpönt,
der nimmer die Vernichtung scheut –
so doch die Jugend ihn versöhnt.
Maikäfer sind ihr Glück und Freud!

Zum Maifeiertag

O Maientag, o Sonnentag,
du schönste Schöpfergabe
Im Glanz der lieben Sonne,
auf Wies' und Feld, im grünen Hag
füllt sich mein Herz mit Wonne
und köstlich süßer Labe.
Der Herrgott schickt uns diesen Tag
als höchste Feierstunde.
Er weht in uns'rer Mitte
bei heit'rem, frohem Festgelage
und in der ärmsten Hütte
auf weiter Erdenrunde.
Die Stunden sind wie Spreu im Wind –
so schwinden auch die Jahre.
Drum lasst sie uns genießen,
uns darauf freuen wie ein Kind!
Das Herz mag überfließen:
kurz ist der Weg zur Bahre!
Erfreu'n mag jeder Frührotschein,
den uns der Himmel spendet!
Es soll am ersten Maientage,
das Herz erfüllt von Hoffen sein,
dass sich bei fröhlichem Gelage
das Jahr zum Besten wendet!

Der Glocken Feierabendsegen

Wenn der Abendglocken Klänge
in uns heil'ge Feuer zünden, ist's
als wollten Lobgesänge uns der Gottheit
Näh' verkünden und im Abenddämmerschein
laden uns zur Andacht ein.

Dringen frommen Menschenherzen
sie nicht tief durch Leib und Seele,
lindern sie nicht Leid und Schmerzen,
wenn ein Loblied aus der Kehle
und ein heißes Dankgebet
rühmt der Gottheit Majestät.

Möget fortan ihr erklingen
und der Menschen Herzen rühren,
weit durch alle Lande dringen,
dass sie Gottes Näh' verspüren,
sich des ew'gen Heils bewusst
tief empfinden in der Brust!

Ewiger Sehnsucht Leid

Über alle Berge geht mein Sehnen,
über alles Land und Meere,
weit hinaus bis zu den Sternen,
in des Weltraums fernste Leere.

Meine ewige Heimat dort zu finden,
wo der Gottheit heil'ges Walten
mich zu himmlich süßer Ruhe
schließt in ihres Mantels Falten.

Wo umwebt mich Gottes süßer Odem
und des Engelschars Schalmeien.
gehen lieblich mir zu Herzen,
Geist und Sinne zu erneuern.

Allem bitt'ren Erdenleid enthoben
will ich meinem Herrgott dienen,
dass er mög' die Kraft mir geben,
meine ird'sche Schuld zu sühnen!

Göttliche Naturgewalten

Schwere dunkle Wolkenmassen
schicken rücksichtslos ihr Element
über Dächer in die Gassen;
alles flüchtet, bangt und rennt.

Unverhofft Sekundenschnelle
schreckt am Tag vor dunkler Nacht;
Säumer findet kaum die Schwelle,
tritt daneben unbedacht.

So verwirrt das Donnerwetter
den gesunden Menschengeist,
der da anruft Gott, den Retter,
dem er ewigen Dank erweist.

Wässer einen sich zu Strömen,
schlucken manchen Feuerstrahl,
als ob alle Teufel kämen,
sich zu freu'n im Jammertal.

Blöcke von den Hügeln rollten,
die bedecken weit die Flur,
als ob sie vernichten wollten
alle Schönheit der Natur.

Fromm der Landmann schickt Gebete,
Tag und Nacht zum Lieben Gott,
und besorgte Priesterreden,
sind erfüllt von Sorg und Not.

Friedlich dort nur Menschen wohnen,
die nur Arbeit kennen, Müh' und Pflicht.
Möge Gott sie fürderhin belohnen
mit sanftem Regen, Warm' und Licht!

Göttlicher-Segen

Wenn die Abendglocken läuten
und die Menschen geh'n zur Ruh',
drückt die Nacht bei Leid,
und Freuden,
sanft die müden Augen zu.

Und der Gottheit süße Gnade,
mildert Schmerz und bitt'res Leid,
lenkt auf unbegang'ne Pfade,
macht zu neuer Tat bereit.

Gibt uns Kraft zu neuem Wollen
und beseelt des Tages Lauf,
um zu tun nur was wir sollen,
führt der Weg auch ab und auf.

Jeder Tag bringt neue Pflichten,
die beleben Herz und Sinn,
gute Taten zu verrichten als
des Lebens Reingewinn.

Drum schenkt Gott uns immer wieder,
diesen Wechsel, wohlbedacht,
zu erfrischen Herz und Glieder
schuf er weise Tag und Nacht.